콕찍은 영숙어

중학필수영어
숙어750
75일완성

아테나 영어 교육 연구회 지음 | 김마정 그림

아테나
Athena

콕 찍은 영숙어

2011년 2월 5일 중판 2쇄 발행

지음 아테나 영어 교육 연구회 **그림** 김마정

펴낸이 김경희
펴낸곳 ㈜도서출판 아테나
표지디자인 황인옥
주소 서울시 마포구 서교동 395-166 서교빌딩 601호
편집 (02)2268-6042 | Fax (02)2268-9422
홈 페이지 http://www.athenapub.co.kr
E-mail bookjjang@hanmail.net
등록 1991년 2월 22일 제 2-1134호

ISBN 978-89-91494-75-6 44740
978-89-91494-73-2 44740(세트)

머리말

숙어는 전치사가 명사, 동사, 형용사, 부사 등과 결합하여 여러 가지 관용 표현을 나타내는 말로, 영어를 공부할 때 단어 못지 않게 중요한 것입니다.

예를 들어 'She looks after them.' 이라는 문장은 'looks(보다)' 와 'after(뒤)' 의 뜻만 안다고 바르게 해석할 수 없습니다. 왜냐하면 'looks after' 는 하나의 숙어로서 '보다' 나 '뒤' 라는 뜻과는 달리 '돌보다' 라는 의미를 지니고 있기 때문입니다. 그래서 위 문장은 '그녀가 그들을 돌본다' 라는 뜻이 됩니다.

이 책은 제7차 교육 과정의 중학교 영어 교과서에 자주 나오는 숙어들을 면밀한 분석을 통해 사용 빈도가 높은 750여 개를 엄선하여 엮은 것입니다.

그리고 엄선된 숙어들을 75일 동안 매일 10여 개씩 나누어 외우고 매일 스스로 점검해 보도록 꾸몄습니다.

특히 표제 숙어와 관련된 단어와 참신한 예문을 실어 숙어의 뜻을 바르게 이해할 수 있도록 하였습니다. 또, 같은 의미의 숙어, 어법상 잘못 쓰기 쉬운 표현 같은 언어 정보를 제공하여 학습 효과를 최대한 높일 수 있게 하였습니다.

아무쪼록 이 책이 여러분의 영어 실력 향상에 큰 도움이 되길 바랍니다.

지은이

이 책의 특장점

1 단계적인 표제 숙어 구성

중학교 전 교과서에 자주 나오는 숙어 750여 개를 엄선하여 하루에 10개씩 단계적으로 암기할 수 있도록 배열하였습니다.

2 풍부한 언어 정보

표제 숙어와 관련된 단어와 의미가 같은 숙어, 의미가 반대인 숙어, 표현상 주의해야 할 어법 등 언어 정보를 최대한 제공하였습니다.

3 실용적인 예문

교과서에 자주 등장하는 문장과 실생활에서 흔히 접할 수 있는 생생한 예문을 실어, 숙어의 이해를 돕고 어휘 활용도를 높였습니다.

4 숙어 special

문법상, 의미상 미묘한 차이가 있는 숙어와 주의해야 할 어법 등을 알기 쉽게 해설하였습니다.

5 다양한 Test

그 날 공부한 숙어를 바르게 알고 있는가를 스스로 점검해 볼 수 있도록 숙어의 구성과 활용, 독해, 영작 등 다양한 형식의 평가 문제를 제공하였습니다.

6 생활 영어 속의 숙어(부록)

일상 생활에서 자주 쓰이는 회화 속에 들어 있는 숙어 100개를 정리하여 어휘력 향상에 도움이 되게 하였습니다.

콕 찍은 영숙어

Contents

전치사와 숙어

전치사는 명사 앞에 놓여 명사와 함께 전치사구를 만든다. 이렇게 만들어진 전치사구는 형용사구나 부사구의 역할을 하며, 다른 품사들과 어울려 많은 관용 표현을 만들어낸다. 그러므로 전치사를 잘 이해하면 숙어를 이해하는 데 큰 도움이 된다.

1. 전치사구의 역할

1) 형용사구로서의 역할

The pen *on the desk* is my sister's. 책상 위의 펜은 내 여동생의 것이다.
This is an incident *of great importance*. 이것은 매우 중요한 사건이다.
This book is *of no use*. 이 책은 쓸모가 없다.
이들 문장에서 전치사구는 명사를 수식하는 형용사구의 역할을 하거나 문장의 보어 역할을 한다.

2) 부사구로서의 역할

He treated us *with kindness*. 그는 우리를 친절하게 대해 주었다.
This car is good *for my family*. 이 차는 우리 가족에게 알맞다.
This car is good enough *for my family*.
이 차는 우리 가족에게 충분히 알맞다.
이들 문장에서 전치사구는 부사구의 역할을 하며 동사(treat), 형용사(good), 부사(enough)를 수식하는 역할을 한다.

2. 전치사와 숙어의 관계

전치사는 명사, 동사, 형용사, 부사 등과 결합하여 많은 숙어와 관용구를 만들어낸다. 따라서 숙어장을 통하여 중요한 것 위주로 기억을 하고 나머지는 동사와 전치사의 관계를 파악하여 이해하는 것이 학습의 포인트다.

1) 형용사+전치사의 숙어

형용사와 전치사가 결합할 때는 주로 be동사가 선행한다. 그리고 형용사의 뜻만 알면 대부분 쉽게 이해할 수 있다.
She *was absent from* school today. 그녀는 오늘 학교에 결석했다.
Mike *is afraid of* dogs. 마이크는 개를 무서워한다.
John *is good at* cards. 존은 카드놀이를 잘 한다.

이러한 숙어 표현으로는
be ready for ~할 준비가 되다
be familiar with ~에 정통하다
be fond of ~을 좋아하다
be proud of ~을 자랑하다
등 수없이 많은 경우를 볼 수 있다.

❖ 참고로, 뒤의 전치사에 따라 의미가 달라질 수 있으므로 조심해야 한다.
Your name *is familiar to* us. 당신의 이름은 우리에게 잘 알려져 있습니다.
He *is familiar with* the law. 그는 그 법률에 정통하다.

2) 동사+전치사의 숙어

자동사 뒤에 전치사가 붙어 숙어가 되는 경우는 동사의 성격에 따라 전치사가 달라지며, 같은 동사라도 뒤에 오는 전치사에 따라 의미가 달라진다. 또한 동사의 의미와 전혀 다른 의미를 나타내는 경우가 많으므로, 암기에 주의해야 한다.

Look at him. 그를 보아라.
She *looked for* her pencil. 그녀는 연필을 찾고 있었다.
My uncle *looks after* my brother. 내 삼촌은 내 동생을 돌보고 있다.
He *looked around* the room. 그는 방을 돌아보았다.
The inspector *looked into* my house. 그 형사는 내 집을 조사했다.

이러한 숙어 표현으로는
ask for ~을 요청하다
hear from ~로부터 소식을 듣다
send for ~을 부르러 보내다
등이 있다.

3) 동사+부사+전치사의 숙어

자동사에 부사와 전치사가 결합하여 하나의 새로운 의미를 만들어낸다.

look forward to ~을 고대하다
get along with ~와 함께 잘 지내다
run away from ~로부터 도망치다

4) 동사+명사+전치사의 숙어

타동사에 추상명사와 전치사가 결합하여 하나의 숙어가 되는 경우이다. 이런 숙어의 경우는 추상명사의 의미가 강하므로, 명사의 의미를 제대로 파악하면 전체 의미를 쉽게 파악할 수 있다.

I didn't *take notice of* when he came in.
나는 그가 언제 들어왔는지 알지 못했다.
notice는 '파악, 알아챔' 의 의미이다.
Take care of yourself. 몸조심해.
care는 '돌봄, 보호' 의 의미이다.

1st Day

at least 적어도, 최소한

I've known her *at least* as long as you have.
나는 적어도 당신만큼 오랫동안 그녀를 알고 지냈다.
At least three students know the answer.
최소한 세 명의 학생은 그 해답을 알고 있다.

from top to bottom[toe] 완전히; 머리 끝에서 발 끝까지
bottom 밑, 바닥 toe 발가락, 발끝

Paint the wall *from top to bottom*.
벽을 맨 위에서부터 맨 아래까지 전부 칠하세요.
- **top to bottom** 거꾸로, 머리를 아래로 하여

look after ~을 돌보다(=take care of), ~에 주의를 기울이다

He needs someone to *look after* him.
그는 그를 돌봐줄 사람이 필요하다.

get over ~을 넘다, (곤란 등)을 이겨내다, (병 등)에서 회복하다

It took me a long time to *get over* my cold.
나는 감기가 좀처럼 낫지 않았다.

be able to ~을 할 수 있다(=can)

My brother will *be able to* swim soon.
내 동생은 곧 수영을 할 수 있게 될 것이다.
I'm afraid I won't *be able to* come.
죄송하지만 갈 수 없습니다.

quite a long time 아주[꽤] 오랫동안

They had to wait *quite a long time*.
그들은 꽤 오래 기다려야 했다.
- **quite a while** 상당한 동안의 시간
  ex) It's been *quite a while* since we met last time.
  우리가 마지막으로 만난 지 꽤 오랜 시간이 흘렀다.

according to ~에 의하면, ~에 따라서

According to what I heard, she is American.
제가 들은 바에 의하면 그녀는 미국인입니다.

in case 만일 ~이면; 그 경우는, 그렇다면

In case I forget, please remind me.
제가 잊어버리면 일러 주세요.
You'd better take an umbrella just *in case* it rains.
비가 올지 모르니까 만약을 대비해서 우산을 가져 가는 것이 좋겠습니다.

get to ~에 도착하다(=reach, arrive at)

You will *get to* the village in an hour.
당신은 한 시간 안에 그 마을에 도착할 것입니다.
- here, there 등이 다음에 올 경우에는 to 없이 get here[there]로 한다.

not ~ anymore 더 이상 ~ 않다(=no more)

It's *not* raining heavily *anymore*. **heavily** 무겁게; 심하게; 대량으로
이제는 더 이상 비가 심하게 오지 않는다.
I told you *not* to come here *anymore*.
제가 더 이상 여기로 오지 말라고 했잖아요.

숙어 SPECIAL 상황에 따라 다른 be able to와 can

can은 본래부터 가지고 있는 능력인데 반해, be able to는 주어진 상황이나 조건에 따른 능력을 말합니다.

A. Jin-su *can* swim in this river.
B. Jin-su *is able to* swim in this river.
A의 진수는 원래 강에서 수영을 할 수 있는 사람이고,
B의 진수는 이 강에서는 수영을 할 수 있다는 말로, 원래부터 수영을 할 수 있는지 없는지는 예문에서 알 수가 없습니다.

Su-mi can swim, but she *is not able to* swim in this river.
위의 예문에서 수미는 원래 수영을 할 수 있는 사람이지만, 이 강에서는 수영을 못한다는 말입니다.

1st Day Test

1 우리말과 같은 뜻이 되도록 빈 칸에 들어갈 알맞은 말을 쓰시오.

1. 나는 적어도 30달러가 필요하다.
   I need 30 dollars at ____________.
2. 당신의 건강을 돌보세요.
   Look ____________ your health.
3. 호텔을 구하는 데 상당히 오래 걸렸다.
   It took ____________ a long time to find a hotel.
4. 더 이상 눈이 오지 않는다.
   It's not snowing ____________.

2 빈 칸에 들어갈 알맞은 말을 〈보기〉에서 찾아 그 기호를 쓰시오.

〈보기〉			
	A. get over	B. at least	C. from top to bottom
	D. according to	E. be able to	F. in case

1. I have to clean the house ____________ today.
   나는 오늘 집안 전체를 청소하지 않으면 안 됩니다.
2. Sooner or later you'll ____________ the shock.
   조만간에 당신은 그 충격을 극복하게 될 것입니다.
3. You have to do the work ____________ the plan.
   당신은 그 계획에 따라 일을 해야 합니다.
4. I hope you'll ____________ come another time.
   다음 기회에 오실 수 있기를 바랍니다.

3 우리말은 영어로, 영어는 우리말로 옮기시오.

1. Press this bell in case you want me.
2. 우리는 언제 런던에 도착하게 될까요?

해답

1 1. least 2. after 3. quite 4. anymore 2 1. C 2. A 3. D 4. E 3 1. 용무가 있으시면 이 벨을 누르세요. 2. When will we get to London?

2nd Day

get around (걸어) 돌아다니다, 여행하다; (소문 등이) 퍼지다

Never mind. I can *get around* by myself.
신경 쓰지 마세요. 나 혼자 갈 수 있어요.
Bad news *gets around* quickly.
나쁜 소식은 빠르게 퍼진다.

each other 서로(두 사람일 때) ▶one another : 두 사람 이상일 때

Jin-su and Su-mi helped *each other*.
진수와 수미는 서로 돕는다.

- each other는 부사가 아니라 대명사이며, 동사 또는 전치사의 목적어로만 쓰이므로 'They are telling jokes to *each other*.(그들은 서로 농담을 나누고 있다.〈×〉)' 라고 하면 틀린다.

not A but B A가 아니고 B이다

This dictionary is *not* mine *but* yours.
이 사전은 저의 것이 아니라 당신의 것입니다.

no excuse 이유가 되지 않는, 변명의 여지가 없는

There is *no excuse* for idleness in your work.
당신이 일을 게으르게 한 데는 변명의 여지가 없습니다.

in case of ~의 경우에는

*In case o*f fire, break this glass.
화재가 발생하면 이 유리를 깨뜨려 주세요.

be about to 막 ~하려고 한다, ~하려는 참이다(=be going to, be ready to)

We *were* just *about to* leave when you phoned.
당신이 전화를 했을 때 우리는 막 떠나려던 참이었습니다.

get on (전철 · 버스 · 자전거 · 말 등)에 타다

Do not try to *get on* a moving train.
움직이는 기차에 타려고 하지 마세요.

- **get on a horse[subway, bus]** 말[지하철, 버스]을 타다

quite a few 상당수의, 꽤 많은, 다수의(=many)

Quite a few of the members were present.
꽤 많은 회원들이 참석했다.
Quite a few of my friends are vegetarians. **vegetarian** 채식주의자
제 친구들 중 상당히 많은 사람들이 채식주의자입니다.

account for 설명하다; ~ 때문이다

There is no *accounting for* tastes. **taste** 취향
취향을 말로 설명할 수 없다(사람마다 취향이 다르다).
His idleness *accounts for* his failure.
그의 실패는 그의 게으름 때문이다.

fill up (~을) 가득 채우다

I'd better *fill up* with petrol at the next station.
다음 주유소에서 휘발유를 가득 채워 넣는 게 좋겠어요.
• **petrol**(영)=**gasoline**(미)

숙어 SPECIAL be about to와 사촌인 말들

be about to, be going to, will 등은 모두 미래를 나타낸다는 공통점을 갖고 있습니다. 자, 그럼 이 말들은 서로 어떤 차이점이 있는지 살펴볼까요?

• **be about to** : 곧 바로 일어날 미래의 일에 대해 표현할 때 쓰는 말입니다. 즉, 일어나는 것이 거의 확실한 경우입니다.
The movie *is about to* begin. 영화가 곧 시작될 것이다.

• **be going to** : 구체적인 세부 사항까지 정해지지는 않았지만, '~을 하겠다' 고 결정이 되어 있는 상태를 나타냅니다.
I *am going to* play soccer tomorrow.
나는 내일 축구를 하기로 했어(축구를 할 예정이야, 축구를 할 거야).

• **will** : 말하는 순간 하겠다고 마음먹은 상황을 주로 나타냅니다.
I *will* play soccer tomorrow. 나는 내일 축구를 해야겠다.

2nd Day Test

1 우리말과 같은 뜻이 되도록 빈 칸에 들어갈 알맞은 말을 쓰시오.

1. 돈을 어디에 썼는지 상세히 설명해 보십시오.
   Account ______________ every dollar you spent.
2. 저는 막 서점에 가려던 참입니다.
   I'm ______________ to go to the bookstore.
3. 그녀가 요즘에는 별로 돌아다니지 않습니다.
   She doesn't get ______________ much these days.
4. 그 꽃은 분홍색이 아니라 빨간색입니다.
   The flower is ______________ pink but red.

2 빈 칸에 들어갈 알맞은 말을 〈보기〉에서 찾아 그 기호를 쓰시오.

〈보기〉			
	A. quite a few	B. no excuse	C. account for
	D. get on	E. each other	F. fill up

1. We write to ______________ very often.
   우리는 서로에게 매우 자주 편지를 쓴다.
2. There were ______________ who doubted it.
   그것을 의심한 사람이 꽤 있었다.
3. We will ______________ a sightseeing bus. **sightseeing** 관광
   우리는 관광 버스를 탈 것입니다.
4. There is ______________ for bad manners.
   나쁜 행실에 대해서는 변명의 여지가 없다.

3 우리말은 영어로, 영어는 우리말로 옮기시오.

1. 여기까지 채워 주세요.
2. In case of danger, push this button.

해답

1 1. for 2. about 3. around 4. not 2 1. E 2. A 3. D 4. B 3 1. Fill it up to here.
2. 위급한 경우에는 이 단추를 누르세요.

3rd Day

none the less 그럼에도 불구하고(=nevertheless)

It's not cheap but I think we should buy it *none the less*.
그것은 싸지 않지만 제 생각에는 그래도 우리가 그것을 사야 할 것 같습니다.

get out of ~에서 나가다, (소형차 등)에서 내리다

You ought to *get out of* the house more.
당신은 외출을 좀 더 많이 해야 합니다.

- **I couldn't *get out of* doing it.** 그것을 하지 않을 수 없었다.

on earth (의문사 · 부정을 강조하여) 도대체, 전혀, 조금도; (최상급을 강조하여) 온 세상에서

What *on earth* are you doing?
너 도대체 뭐하니?
He was the greatest man *on earth*.
그는 이 세상에서 가장 위대한 사람이었다.

too ~ to … 너무 ~하여 …할 수 없다

The ice is *too* thin *to* bear your weight.
얼음이 너무 얇아 당신의 무게를 지탱할 수 없습니다.

as soon as ~하자마자

Call me *as soon as* you arrive at the airport.
공항에 도착하자마자 전화하세요.

above all (things) 무엇보다도, 특히 (=more than anything else, first of all)

They want, *above all*, to live in peace.
그들은 무엇보다도 평화롭게 살고 싶어한다.

look at ~을 보다

The picture looks much nicer when we *look at* it from a distance.
그 그림은 멀리서 보면 훨씬 더 멋지게 보입니다.

quite a lot (of) 꽤, 많은 양(의)

We did *quite a lot of* work yesterday.
우리는 어제 꽤 많은 일을 했다.
It costs *quite a lot* to educate a child.
한 명의 아이를 교육시키는 데는 많은 돈이 든다.

get off (전철 · 버스 · 자전거 · 말 등)에서 내리다

I'm *getting off* at the next station.
저는 다음 역에서 내립니다.

- **get off a bus[plane, horse, bicycle]** 버스[비행기, 말, 자전거]에서 내리다

so ~ that … 매우 ~해서 …하다

I'm *so* tired *that* I cannot study tonight.
나는 매우 피곤하기 때문에 오늘밤에는 공부할 수 없다.

- **such ~ that** … 매우 ~이므로 …하다
  ex) He is *such* a good boy *that* everybody likes him.
  그는 매우 선량한 소년이므로 누구나 그를 좋아한다.

숙어 SPECIAL 'too ~ to …'의 해석이 막힐 때

He is *too* tired *to* study.
위의 예문은 '그는 너무 지쳐서 공부를 할 수 없다.' 라고 간단히 해석이 됩니다. 그러나 아래의 예문을 해석해 보면 그 뜻이 잘 이해되지 않습니다. 왜 그럴까요?

You are *too* good *to* be true.
여기에 'too ~ to …' 의 뜻인 '너무 ~해서 …할 수 없다' 를 적용해 보면 그 뜻이 매우 애매해집니다.
즉, '당신은 너무 좋아서 사실이 될 수 없다.' 는 이상한 해석이 나옵니다.
그러나 '당신은 너무 그럴싸해 보여서 사실로 받아들여지지 않을 정도예요.' 라고 풀이하면 그 의미가 와 닿는답니다.

3rd Day Test

1 우리말과 같은 뜻이 되도록 빈 칸에 들어갈 알맞은 말을 쓰시오.

1. 나는 그 여자가 택시에서 내리는 것을 보았다.
   I saw her __________ out of the taxi.
2. 매우 추워서 일을 할 수 없다.
   It is __________ cold that I cannot work.
3. 날씨가 너무 더워서 걸을 수 없다.
   It is __________ hot to walk.
4. 어디에서 내려야 하는지 몰랐다.
   I didn't know where to get __________ .

2 빈 칸에 들어갈 알맞은 말을 〈보기〉에서 찾아 그 기호를 쓰시오.

〈보기〉	A. as soon as	B. above all things	C. get out of
	D. none the less	E. look at	F. quite a lot

1. I like him __________ for his faults.
   나는 그가 결점이 있어도 여전히 좋다.
2. We drank __________ of wine.
   우리는 꽤 많은 양의 포도주를 마셨다.
3. __________ a squirrel saw me, it ran away. **squirrel** 다람쥐
   다람쥐는 나를 보자마자 도망갔다.
4. Attend to your study __________ . **attend to** ~에 전념하다
   무엇보다도 너의 공부에 힘써라.

3 우리말은 영어로, 영어는 우리말로 옮기시오.

1. Why on earth would you go now?
2. 그녀가 나를 보며 미소를 지었다.

해답
1 1. get 2. so 3. too 4. off 2 1. D 2. F 3. A 4. B 3 1. 도대체 왜 지금 가려는 거죠?
2. She looked at me and smiled.

4th Day

catch at　～을 붙잡으려고 하다, 붙잡다

A drowning man will *catch at* a straw.　**straw** 지푸라기
《속담》 물에 빠진 사람은 지푸라기라도 잡으려고 한다.
He *catched at* the branch but couldn't reach it.
그는 나뭇가지를 잡으려고 했으나, 손이 닿지 않았다.

- **catch at shadows** 그림자를 잡으려고 하다(헛수고하다)

each time　매번, ～할 때마다

Each time I see you, I think of my mother.
당신을 볼 때마다 저의 어머니가 생각납니다.

be afraid of　～을 두려워하다

She'*s afraid of* going out alone at night.
그녀는 밤에 혼자 나가는 것을 무서워한다.
You can't succeed if you *are afraid of* failure.
실패를 두려워하면 성공할 수 없다.

- **be afraid + that**절 : ～일까 봐 걱정하다

ex) He *is afraid (that)* he will fail.
그는 실패할까 봐 걱정하고 있다.

all together　모두 함께

We sang a song *all together.*
우리는 다 같이 노래를 불렀습니다.
I'll buy them *all together* if you discount.　**discount** 물건값을 깎다
만약 깎아 주신다면 그것 모두를 사겠습니다.

out of the question　불가능한; 논외인

It's *out of the question* for me to finish the work in a week.
내가 그 일을 1주일 안에 끝내는 것은 불가능합니다.

no sooner ~ than　～하자마자(=as soon as)

No sooner had he left home *than* he began to run for school.
그는 집에서 나오자마자 학교를 향해 뛰기 시작했다.

so[as] long as ~하는 한(에서는), ~ 동안은

I am happy *so[as] long as* you are with me.
당신이 내 곁에 있는 한 저는 행복합니다.

carry out ~을 실행하다

It's not easy to *carry out* your plan.
당신의 계획을 실행하는 것은 쉽지 않습니다.
We will *carry out* the necessary work.
우리는 필요한 일을 수행할 것입니다.

- **carry out one's promise** 약속을 지키다

so much for ~은 거기까지; ~은 이것으로 끝이다

So much for that diet!
다이어트는 이제 끝!

together with ~와 함께; ~에 더하여

He went there *together with* her.
그는 그녀와 같이 거기에 갔다.
I bought two pairs of socks *together with* some new shoes.
나는 새 구두와 함께 양말 두 켤레를 샀다.

숙어 SPECIAL carry out의 여러 가지 쓰임새

일반적으로 carry out은 '수행하다, 성취하다'의 뜻을 가지고 있습니다.
It's easy to plan but it's difficult to *carry out*.
계획하는 것은 쉽지만 실행하는 것은 어렵다.
한편, carry out은 '밖으로 가져가다'라는 뜻도 있습니다. 햄버거나 커피 등을 파는 패스트푸드점에 가서 take out이라는 말을 들어보셨을 거예요. 이는 안에서 먹지 않고 밖으로 가져간다는 뜻이지요. carry out은 속어로 take out의 뜻으로도 쓰인다고 하네요.
만일 누가 패스트푸트점에서 커피를 carry out해 오라고 시켰는데, 밖으로 갖고 오는 도중에 식을까 봐 실행하기가 힘들었다고 생각해 보세요. 이렇게 연상해 보면 두 가지 뜻을 쉽게 외울 수 있답니다.

4th Day Test

1 우리말과 같은 뜻이 되도록 빈 칸에 들어갈 알맞은 말을 쓰시오.

1. 무엇을 두려워하니?
   What are you ____________ of?
2. 나는 그의 제안을 받아들일 수 없었다.
   I couldn't catch ____________ his proposal. **proposal** 제안
3. 내가 세차를 하자마자 비가 내리기 시작했다.
   No sooner had I washed the car ____________ it began to rain.
4. 너의 처음 계획을 실행해야 한다.
   You must ____________ out your first plan.

2 빈 칸에 들어갈 알맞은 말을 〈보기〉에서 찾아 그 기호를 쓰시오.

〈보기〉			
	A. out of the question	B. catch at	C. each time
	D. together with	E. so long as	F. all together

1. ____________ he tried, he failed.
   그는 시도할 때마다 실패했다.
2. I read books ____________ friends at lunch time.
   점심 시간에 친구들과 함께 책을 보았다.
3. ____________ it doesn't rain, we can play.
   비가 오지 않는 한 우리는 경기를 할 수 있다.
4. I can't afford to buy that car; it is ____________ .
   저는 저 차를 살 여유가 없어요. 그건 불가능해요.

3 우리말은 영어로, 영어는 우리말로 옮기시오.

1. So much for that topic.
2. 저를 따라 모두 함께 읽으세요.

해답

1 1. afraid 2. at 3. than 4. carry 2 1. C 2. D 3. E 4. A 3 1. 그 주제는 그 정도로 해둡시다. 2. Read after me all together.

5th Day

if possible 가능하다면

Come to my house this evening, *if possible*.
가능하다면 오늘 저녁에 저희 집에 오세요.
Mr. Kim, I'd like to see you tomorrow morning, *if possible*.
김 선생님, 가능하다면 내일 아침에 좀 뵈었으면 합니다.

according as ~에 따라서, ~에 비례하여

According as the demand increases, prices go up. **demand** 수요
수요가 증가함에 따라 가격이 올라간다.

- according to 다음에는 구(명사형 목적어)가 오고, according as 다음에는 절(문장;주어+동사)이 온다.

look around (주위를) 둘러보다; ~을 살피고 다니다

I'm just *looking around*.
그냥 둘러보고 있습니다.
She *looked round* when she heard the noise.
그 소리를 들었을 때 그녀는 주위를 둘러보았다.

arrive in[at] ~에 도착하다

We *arrived in* Busan a little after six o'clock.
우리는 여섯 시 조금 지나서 부산에 도착하였다.

as soon as possible 가능한 한 빨리(=as soon as one can)

We will get your order to you *as soon as possible*.
귀하의 주문품을 가능한 한 빨리 전해 드리겠습니다.

not ~ any longer 더 이상 ~ 아니다(=no longer)

I can*not* stay here *any longer*.
나는 더 이상 여기에 머물 수 없다.
I'm *not* standing for it *any longer*.
난 그것을 더 이상 참지 않겠다.

at any rate 어쨌든, 좌우지간

Well, that's one good piece of news *at any rate*.
글쎄요, 어쨌든 그건 좋은 소식이군요.

get through 통과하다; 끝내다

He *got through* his final exams easily.
그는 기말 시험을 쉽게 통과했다.
As soon as I *get through* with my work, I'll join you.
제 일을 끝마치는 대로 당신과 합류하겠습니다.

catch up (with) (~에) 따라붙다

He had to study hard to *catch up with* the others.
그는 다른 학생들을 따라잡기 위해 열심히 공부를 해야 했다.
I ran as fast as possible to *catch up with* them.
나는 그들을 따라잡으려고 가능한 한 빨리 뛰었다.

eat like a horse 많이 먹다

She's very thin but she *eats like a horse*.
그녀는 매우 말랐지만 먹기는 엄청나게 많이 먹는다.
I *eat like a horse* and drink like a fish.
나는 많이 먹고 많이 마신다.

- **eat like a bird** 조금 먹다, 소식하다
  ex) Do you *eat like a bird*?
  소식하세요?

숙어 SPECIAL arrive at과 arrive in의 미묘한 차이

arrive는 도착하는 장소에 따라 전치사가 달라집니다. 좁은 장소나 한 지점 등에는 at을 쓰고, 넓은 장소에는 in을 사용하는 것이 원칙이지요. 그러나 단순히 도착 지점을 뜻하는 것이 아니고 머문다는 뜻이 포함되면 in을 씁니다.
또한 사건 현장이나 섬 등에 도착할 때는 on을 붙이기도 합니다.

arrive at Daegu Station 대구역에 도착하다
arrive in Seoul 서울에 도착하다
arrive on the spot 현장에 도착하다

5th Day Test

1 우리말과 같은 뜻이 되도록 빈 칸에 들어갈 알맞은 말을 쓰시오.

1. 일하는 데 따라 급료가 지불된다.
   You will be paid according ____________ you work.
2. 가능하다면 너와 같이 가고 싶다.
   If ____________ , I'd like to go with you.
3. 나는 거기에서 더 이상 못살겠어.
   I can't live there any ____________ .
4. 대구에 도착하면 전화를 걸어 주세요.
   Please call me when you ____________ in Daegu.

2 빈 칸에 들어갈 알맞은 말을 〈보기〉에서 찾아 그 기호를 쓰시오.

〈보기〉			
	A. eat like a horse	B. accroding as	C. catch up with
	D. at any rate	E. look around	F. get through

1. I tried to ____________ the homework in one hour.
   숙제를 한 시간 안에 끝내려고 노력했다.
2. My brothers ____________ .
   우리 형들은 엄청나게 많이 먹어.
3. She will go there ____________ .
   어찌됐든 그 여자는 그곳에 갈 것이다.
4. Run fast, and you can ____________ him.
   빨리 뛰세요, 그러면 그를 따라잡을 수 있습니다.

3 우리말은 영어로, 영어는 우리말로 옮기시오.

1. You have 30 minutes to look around.
2. 되도록이면 빨리 떠나시오.

해답 1 1. as 2. possible 3. longer 4. arrive 2 1. F 2. A 3. D 4. C 3 1. 구경하실 시간을 30분 드리겠습니다. 2. Leave as soon as possible.

6th Day

for once 한 번쯤, 한 번만

Will you listen to me *for once*?
한 번만 내 얘기를 들어줄래?

look away (from) (~에서) 눈길을 돌리다

She *looked away from* the terrible scene. **terrible** 끔찍한
그 여자는 끔찍한 장면에서 눈을 돌렸다.

not ~ at all 결코 ~하지 않다, 조금도 ~아니다

You may *not* meet any foreigners *at all*.
외국인을 전혀 만나지 않을 수도 있다.

- **Not at all.** 천만에요, 괜찮습니다.

speed up 서두르다; 속도를 더하다

Can you *speed up* a little?
좀 더 서두를 수 없니?
Drivers must not *speed up* on dark roads.
운전자들은 어두운 길에서 속도를 높이지 말아야 한다.

if only ~이기라도 하면, 가령 ~만이라도

If only someone could help!
누가 좀 도와줬으면 좋겠는데!

get in touch with ~와 연락하다, 접촉하다.

I'm trying to *get in touch with* my high school teacher.
나는 고등학교 때 선생님께 연락을 하려고 한다.

in vain 헛되이, 무위로(=unsuccessfully)

All my efforts turned out to be *in vain*.
나의 모든 노력이 헛수고로 판명되었어요.

read over 통독하다, 숙독하다

Read this *over* for mistakes.
잘못된 곳이 있는지 이것을 숙독해 보아라.

eat out 외식하다

On Sundays we sometimes *eat out* at a restaurant.
일요일이면 우리는 때때로 레스토랑에서 외식을 한다.

- **eat out of someone's hands** 남의 말대로 하다
  ex) A lot of people are *eating out of his hands*.
  많은 사람들이 그가 하자는 대로 하고 있다.

by chance 우연히, 뜻밖에(=by accident)

A bright idea occurred to me *by chance*.
나에게 좋은 생각이 우연히 떠올랐다.

- **on purpose** 고의로, by chance의 반대말
  ex) It happens *on purpose* rather than by chance.
  그것은 우연이라기보다는 고의로 일어난다.
- **by accident** 우연히(=accidentally)
  ex) I met her *by accident* in Seoul.
  나는 서울에서 그녀를 우연히 만났다.

숙어 SPECIAL not at all과 not ~ at all은 서로 남남!

'천만에요' 라는 뜻의 'not at all' 과 '결코 ~하지 않다' 라는 뜻의 'not ~ at all(=never)' 은 not의 위치에 따라 전혀 다른 의미를 나타냅니다. 이 둘의 차이점을 살펴보면 다음과 같습니다.

- **not ~ at all** 결코[전혀] ~하지 않다
  I'm *not* tired *at all*. 나는 전혀 피곤하지 않다.
- **Not at all**. 천만에요. → 대답할 때 주로 쓰는 말
  A : Thank you for your trouble.
  수고해 주셔서 감사해요.
  B : *Not at all*. 천만에요.

그리고 보통 'What's up?' 이라고 물어봤을 때 'Nothing.' 또는 'Nothing at all.' 이라고 대답하기도 하지요. 보통 '잘 지내니?' 라는 뜻으로 쓰이는 'What's up?' 에는 '무슨 특별한 일 있니?' 란 뜻이 있어서 대답할 때 '별 일 없어. 잘 지내.' 라고 할 때 'Nothing.', 또는 'Nothing at all.' 이라고 대답하는 것입니다.

6th Day Test

1 우리말과 같은 뜻이 되도록 빈 칸에 들어갈 알맞은 말을 쓰시오.

1. 오늘은 레스토랑에서 외식을 하고 싶었다.
   Today I wanted to ____________ at a restaurant.
2. 그는 신문을 샅샅이 읽었다.
   He read the newspaper ____________ .
3. 나는 너무 화가 나서 말을 할 수가 없었다.
   I was so angry that I could ____________ speak at all.
4. 우리는 아주 우연히 만났다.
   We met each other quite by ____________ .

2 빈 칸에 들어갈 알맞은 말을 〈보기〉에서 찾아 그 기호를 쓰시오.

〈보기〉			
	A. if only	B. by chance	C. in vain
	D. speeded up	E. look away	F. get in touch with

1. The train soon ____________ .
   기차는 곧 속도를 높였다.
2. ____________ I could swim.
   내가 수영만 할 수 있다면 좋겠다.
3. He tried ____________ to open the door.
   그는 문을 열려고 했지만 헛일이었다.
4. Were you able to ____________ In-ho?
   인호와 연락이 됐나요?

3 우리말은 영어로, 영어는 우리말로 옮기시오.

1. The bright light made her look away.
2. 이번만은 그가 제 시간에 왔다.

해답

1 1. eat out 2. over 3. not 4. chance 2 1. D 2. A 3. C 4. F 3 1. 밝은 빛이 그녀로 하여금 눈길을 돌리게 했다. 2. Just for once he arrived on time.

7th Day

try to do　～을 하려고 노력하다, 시도하다

Don't *try to swim* across the river.
헤엄쳐서 저 강을 건너려는 시도는 하지 마세요.
I *try to speak* English whenever I can.
나는 가능한 한 영어로 말하려고 노력한다.

add up to　합계가 ～이 되다

The numbers *add up to* exactly fifty.
그 숫자의 합계는 정확히 50이다.

spend A on B　B에 A를 쓰다

He *spends* too much money *on* clothes.
그는 옷에 너무 많은 돈을 쓴다.

- 목적어로 '돈, 시간, 자원' 등이 온다.
  I *spent* ten dollars *on* the book. 그 책을 사는 데 10달러를 썼다.
  The book *cost* me ten dollars. 그 책값은 10달러였다.
  I *paid* ten dollars *for* the book. 그 책값으로 10달러를 지불했다.

in (the) future　장래에

Who knows what will happen *in the future*?
미래에 무슨 일이 일어날지 누가 아는가?

get together　(사람이) 모이다, 모으다

Could we *get together* after school?
방과 후에 만날 수 있을까?

check in[at], check into　숙박부에 기록하다, 체크인하다, 입실하다

I'd like to *check in*, please. The last name's Kim.
입실(체크인)하고 싶은데요. 제 성은 김이에요.

with ease　쉽게, 수월하게

She passed the exam *with ease*.
그녀는 쉽게 시험에 합격했다.

be ready to ~할 준비가 되다; 언제나[기꺼이] ~하다

Are you *ready to* start work?
일을 시작할 준비가 되었나요?
He'*s* always *ready to* help people in trouble.
그는 늘 어려움에 처해 있는 사람들을 기꺼이 돕는다.

• ~할 준비가 되어 있다 : be ready for+명사, be ready to+동사원형
ex) I'*m* not *ready for* this.
아직은 이러면 안 돼요.

look down on ~을 낮추어 보다, 경멸하다; ~을 내려다보다.

We usually *look down on* a person who has no courage.
우리는 보통 용기 없는 사람을 경멸한다.

at the end of ~의 끝에

We sang songs at *the end of* the party.
우리는 파티가 끝날 때쯤 노래를 불렀다.
I'm leaving Korea *at the end of* this month.
저는 이번 달 말에 한국을 떠납니다.

숙어 SPECIAL with ease가 부사가 된 이유

추상명사는 형태가 없는 추상적인 개념을 나타내는 명사로, '전치사+추상명사=부사' 가 되는 경우가 있습니다.
He stepped on the girl's foot *on purpose*.
그는 고의적으로 그 소녀의 발을 밟았다.
I passed the exams *with ease*.
나는 쉽게 시험에 통과했다.
즉, 추상명사가 전치사 with, in, by, on 등과 같이 쓰이면 부사적 의미를 갖습니다.

《'전치사+추상명사=부사'의 예》

by accident : accidentally(우연히)
in brief : briefly(간단히)
in haste : hastily(서둘러서)
on occasion : occasionally(가끔)
to perfection : perfectly(완전하게)
with care : carefully(조심스럽게)
with ease : easily(쉽게)

7th Day Test

1 우리말과 같은 뜻이 되도록 빈 칸에 들어갈 알맞은 말을 쓰시오.

1. 앞으로는 당신을 더 자주 방문하기를 바랍니다.
   I hope to visit you more often in ____________ .
2. 우리 함께 모여서 그 문제를 토론합시다.
   Let's ____________ together and discuss it.
3. 그 여자는 문을 열려고 안간힘을 썼다.
   She ____________ to open the door.
4. 책에 돈을 얼마나 쓰나요?
   How much do you ____________ on books?

2 빈 칸에 들어갈 알맞은 말을 〈보기〉에서 찾아 그 기호를 쓰시오.

〈보기〉			
	A. at the end of	B. looks down on	C. in future
	D. with ease	E. check in	F. get together

1. Turn right ____________ the street.
   길 끝에서 우회전하세요.
2. She ____________ her husband.
   그녀는 남편을 멸시한다.
3. He can fix a car ____________ .
   그는 차를 쉽게 고칠 수 있다.
4. Can I ____________ , please?
   여기 묵을 수 있습니까?

3 우리말은 영어로, 영어는 우리말로 옮기시오.

1. When he is ready to retire, I will retire, too. **retire** 은퇴하다
2. 2 더하기 3은 5가 된다.

해답

1 1. (the) future 2. get 3. tried 4. spend 2 1. A 2. B 3. D 4. E 3 1. 그가 은퇴할 준비가 되어 있을 때, 나도 은퇴하겠다. 2. Two and three add up to five.

8th Day

in front of ~의 앞에(=before)

I stood *in front of* the teacher's desk.
나는 선생님의 책상 앞에 섰다.

- 반대의 뜻을 가진 말에는 after, behind, at the back of 등이 있다.

add to 증가시키다(=increase); 추가하다

This *adds to* our difficulties.
이것은 우리의 어려움을 증가시킨다.
Your explanation only *adds to* my confusion. **confusion** 혼란
당신 설명을 들으니까 더 헷갈립니다(당신 설명은 혼란을 더 가중시킵니다).

not only A but also B A뿐 아니라 B도

She is *not only* my friend, *but also* a friend of my brother.
그 여자는 나의 친구일 뿐 아니라 내 오빠의 친구이기도 하다.
He *not only* plays well, *but also* writes music.
그는 연주를 잘 할 뿐 아니라 작곡도 한다.

stand by 아무 일도 않고 보고만 있다, 방관하다; ~ 옆에 서 있다

Why are you all *standing by*? Come and help me.
왜 모두 잠자코 보고만 있는 거예요? 와서 나를 도와주세요.
Stand by, action! 준비, 연기 시작!

- **stand by** 영화 촬영시 '준비하고 대기하다' 라는 뜻으로 사용되는 용어

get up (잠자리에서) 일어나다; 올라가다

I couldn't *get up* early in the morning.
나는 아침에 일찍 일어날 수가 없었습니다.
It was a hard pull to *get up* the hill. **hard pull** 힘든 노력
언덕을 오르는 데 매우 힘이 들었다.

try on 시험 삼아 (옷, 신발, 모자 등을) 입어[신어, 써]보다

Can I just *try* some *on*? 몇 가지 입어 봐도 될까요?

- **put on** 입다 **have on** 입고 있다

look for ~을 찾다, 구하다

Are you still *looking for* a job?
아직도 일자리를 구하고 계세요?

be ready for ~의 준비가 되어 있다; ~의 각오가 되어 있다

I'*m ready for* death.
나는 언제라도 죽을 준비가 되어 있습니다.
Are you *ready for* the trip? 여행 준비가 다 되었습니까?

- **be ready to** 다음에는 동사원형이,
  be ready for 다음에는 (동)명사가 온다.

clean up 말끔히 치우다, 청소하다

Stop idling and help me *clean up*.
그만 빈둥거리고 내가 청소하는 것 좀 거들어라.

come to an end 끝나다

At last their misfortune has *come to an end*. **misfortune** 불행
마침내 그들의 불행은 끝났다.

숙어 SPECIAL

Can I try this on?에서 전치사 on이 뒤로 가는 이유

try on과 같은 숙어를 이어동사(phrasal verb, 구동사)라고 합니다. 이어동사는 '동사+짧은 부사(이것을 particle이라고 함)' 나 전치사로 이루어집니다. put on, try on, get in, take in, pull off, go into 등 아주 많지요.
일반명사(boy, robot, computer, clothes)는 이어동사 사이에 들어가든, 이어동사 뒤에 오든 상관이 없습니다. 즉, 만약 this가 아닌 clothes였다면

Can I *try on* clothes?
Can I *try* clothes *on*?
둘 다 옳은 문장이 됩니다. 그러나 대명사(it, this, he, she, I, you, her, me, him)은 무조건 가운데에 있어야 합니다.
Can I *try* this *on*?(○)
Can I *try* on *this*?(×)

8th Day Test

1 우리말과 같은 뜻이 되도록 빈 칸에 들어갈 알맞은 말을 쓰시오.

1. 전 이제 수업 받을 준비가 되었어요.
   I'm ____________ for my lesson now.
2. 당신은 무엇을 찾고 있나요?
   What are you looking ____________ ?
3. 나는 많은 사람 앞에서 노래하는 것을 싫어한다.
   I don't like singing in ____________ of many people.
4. 이것은 소비를 증가시킨다.
   This adds ____________ the expense.   **expense** 지출, 비용

2 빈 칸에 들어갈 알맞은 말을 〈보기〉에서 찾아 그 기호를 쓰시오.

〈보기〉			
	A. stand by	B. in front of	C. try on
	D. clean up	E. get up	F. come to an end

1. I ____________ my room every day.
   나는 매일 내 방을 청소한다.
2. ____________ this dress.
   이 옷을 입어 보세요.
3. How can you ____________ and let him treat his dog like that?
   넌 어떻게 그가 자기 개를 그렇게 대하도록 방관만 할 수 있니?
4. It was as if the world had ____________ .
   마치 세상이 끝장이라도 난 것 같았다.

3 우리말은 영어로, 영어는 우리말로 옮기시오.

1. She is not only pretty but also clever.   **clever** 영리한, 똑똑한
2. 나는 보통 6시에 일어난다.

해답
1 1. ready 2. for 3. front 4. to 2 1. D 2. C 3. A 4. F 3 1. 그 여자는 예쁠 뿐 아니라 똑똑하기도 하다. 2. I usually get up at six.

9th Day

stand out　두드러지다, 돋보이다

Jin-su is very tall and *stands out* in a crowd.　**crowd** 군중
진수는 키가 매우 커서 군중 속에서 눈에 잘 띈다.

try out　~을 실제로 시험해 보다, 시험적으로 ~을 써 보다

How would you like to *try out* my new car?
당신이 내가 새로 뽑은 차를 시운전해 보는 게 어때요?

look forward to ~ing　~을 즐겁게 기다리다, 학수고대하다

We're really *looking forward to* seeing you again.
우리는 귀하를 다시 뵙게 되기를 진정으로 고대합니다.
• look forward to에서 to는 전치사이므로 다음에 명사나 동명사가 와야 한다.

in one's life　생애에, 일생 동안, 평생

She has never been away from the village *in her life*.
그녀는 일생 동안 그 마을 밖을 나간 적이 없다.

for nothing　헛되이(=in vain); 이유 없이(=without reason); 공짜로(=without payment)

He spent much money *for nothing*.
그는 헛되이 많은 돈을 썼다.
It was not *for nothing* that he read Plato.　**Plato** 고대 그리스의 철학자
그는 아무 이유 없이 플라톤을 읽은 것은 아니었다.
I got this book *for nothing*.
나는 이 책을 거저 얻었다.

in reality　사실은, 실제로는

In reality she is not very rich.
사실 그 여자는 그다지 부자가 아니다.

in the end　결국, 마침내(=finally, at last)

We played well, but we lost the game *in the end*.
우리들은 열심히 싸웠지만, 결국 그 경기에 지고 말았다.

before long 머지 않아, 곧(=soon), 이윽고

Winter will come *before long*.
곧 겨울이 올 것이다.
He will come back *before long*.
그는 곧 돌아올 것이다.

clear away (장애물 등)을 제거하다, 정리하다; 쓰레기를 치우다

Clear away the magazines.
잡지를 치우세요.

remember to 잊지 않고 ~하다

Remember to turn the lights off before you leave.
외출하기 전에 잊지 말고 전등을 끄세요.

- remember가 '마음속으로 상기하다' 라는 뜻만을 갖는 데 반해서 recall, recollect 등에는 이와 같은 뜻 이외에 '과거 일을 회상하여 그것을 다른 사람에게 말로 표현하다' 라는 뜻도 있다.

숙어 SPECIAL look forward to 뒤에 ~ing가 오는 이유

look forward to는 '~을 기대하다' 라는 뜻인데, 명사가 뒤에 오는 경우는 기대하는 대상물을 명사 형태 그대로 쓰면 되고, 동사가 오는 경우는, 동사를 '동사 +~ing' 의 동명사 형태로 써야 합니다.

I am *looking forward to* seeing you again.
나는 당신을 다시 보기를 기대한다.

look forward to에서 to는 to부정사의 to가 아니라 전치사로 취급합니다. 따라서 '전치사+ing' 형태가 되는 것입니다.

예를 들어 '나는 성공을 바란다.' 를 영어로 옮겨 볼까요? 먼저 succeed가 '성공하다' 라는 동사이고, success는 '성공' 이라는 명사입니다.

I *look forward to* success.
I *look forward to* succeeding.

위의 문장은 둘 다 똑같은 말입니다. 굳이 차이를 말하자면 '나는 성공을 바란다.' 와 '나는 성공하기를 바란다.' 정도의 차이가 있는 것입니다. 동명사의 품사는 명사이지만 속성은 어디까지나 동사입니다.

9th Day Test

1 우리말과 같은 뜻이 되도록 빈 칸에 들어갈 알맞은 말을 쓰시오.

1. 그는 인생의 가을(후반부)에 들어서 있다.
   He is in the autumn of ____________ life. **autumn** 가을
2. 나는 오래된 신문들을 정리하였다.
   I ____________ away the old newspapers.
3. 이 차를 사기 전에 철저히 시험해 볼 작정이다.
   I am going to try the car ____________ before I buy it.
4. 너를 만나기를 몹시 고대하고 있다.
   I am looking ____________ to seeing you.

2 빈 칸에 들어갈 알맞은 말을 〈보기〉에서 찾아 그 기호를 쓰시오.

〈보기〉	A. before long	B. stands out	C. clear away
	D. for nothing	E. in the end	F. looking forward to

1. It ____________ against a dark background.
   이것은 어두운 배경에 대비되어 눈에 잘 띈다.
2. I have endured it ____________ .
   나는 그것을 참아 왔지만 헛일이었다.
3. I'll see you ____________ .
   곧 찾아뵙겠습니다.
4. It will come out all right ____________ .
   결국에는 괜찮아질 것이다.

3 우리말은 영어로, 영어는 우리말로 옮기시오.

1. It was a fine day once the fog had cleared away. **fog** 안개
2. 사실 그는 정직하지 않다.

해답

1 1. his 2. cleared 3. out 4. forward 2 1. B 2. D 3. A 4. E 3 1. 일단 안개가 걷히자 날이 맑아졌다. 2. In reality he is not honest.

10th Day

nothing but ~에 지나지 않다; ~ 외에는 아무 것도, 다만(=only)

It is *nothing but* a joke.(=It is only a joke.)
이것은 단지 농담에 지나지 않는다.
We saw *nothing but* white clouds in the sky.
하늘엔 다만 흰 구름만이 보였다.

pour out (감정 · 생각 등)을 토해내다, 한꺼번에 표현하다

He *poured out* her troubles to me over a cup of coffee.
그는 커피 한 잔을 마시면서 내게 자신의 문제를 쏟아놓았다.
- **out one's heart** 속마음[고민거리]을 털어놓다

turn around 방향을 바꾸다, 몸을 되돌리다

He *turned around* and waved.
그는 되돌아서서 손을 흔들었다.

in some ways 몇 가지 점에서; 어떤 면에서는

They are different *in some ways*.
그들은 몇 가지 점에서 다르다.
He is honest *in some ways*.
그는 어떤 면에서는 정직하다.

give away 거저 주다; (비밀)을 누설하다; (기회)를 놓치다

He *gave away* most of his money to the poor.
그는 자기 돈의 대부분을 가난한 사람에 주어 버렸다.
She *gave away* state secrets to the enemy.
그녀는 국가 기밀을 적에게 누설했다.
He gave away his last chance of winning the competition.
그는 경쟁에서 이길 수 있는 마지막 기회를 놓쳤다.

stand up 일어서다, 똑바로 서다

He *stood up* when he was introduced.
그는 자기가 소개되자 자리에서 일어섰다.

after all 결국

After all, we can't have everything.
결국 우리들이 모든 것을 다 가질 수는 없다.

in all 전부, 도합, 모두 합해서

That's ten dollars *in all*.
그것은 모두 10달러이다.
Our school has forty teachers *in all*.
우리 학교에는 도합 40명의 선생님이 계십니다.

look in 안을 들여다보다; 잠시 들르다

She *looked in* at the window.
그 여자는 창 앞에서 안을 들여다보았다.
The doctor will *look in* again this evening.
의사가 오늘 저녁에 다시 잠깐 들를 것입니다.

- **They *looked into* the store.** 그들은 가게 안을 들여다보았다.

climb down 기어 내려오다

He *climbed down* from the tree.
그는 나무에서 기어 내려왔다.

- Monkeys *climb up and down* the trees.
  원숭이가 나무를 오르락내리락 한다.

숙어 SPECIAL nothing but과 anything but

nothing but은 '단지, 다만, ~뿐(=only)' 의 뜻이고, anything but은 '결코 ~이 아닌 (=never)' 의 뜻입니다.

He was *nothing but* a soldier.
그는 단지 병사일 뿐이다.
His English is *anything but* correct.
그의 영어는 결코 정확하지 않다.

그런데 anything but은 '결코 ~이 아닌' 이라는 뜻 이외에 '그것을 빼고', 혹은 '그것 외에' 라는 뜻도 있어요. 'anything but that' 의 뜻은 '그것만 빼고' 라는 뜻이지요. 'anything(아무것)' 과 'but(그러나)' 이 합쳐져서 '그것만 빼고, 그것 외에' 라는 뜻이 됩니다.

10th Day Test

1 우리말과 같은 뜻이 되도록 빈 칸에 들어갈 알맞은 말을 쓰시오.

1. 그는 단지 학생일 뿐이다.
   He is nothing ____________ a student.
2. 여자는 (숨겨 왔던) 슬픔을 토해 냈다.
   She ____________ out her sadness. **sadness** 슬픔
3. 결국 제가 옳았다는 걸 당신은 알겠지요.
   So you see I was right ____________ all.
4. 차바퀴가 빙글빙글 돈다.
   The wheel turns ____________ .

2 빈 칸에 들어갈 알맞은 말을 〈보기〉에서 찾아 그 기호를 쓰시오.

〈보기〉			
	A. climb down	B. look in	C. turn around
	D. in some ways	E. in all	F. pour out

1. I will ____________ from the tree by the ladder. **ladder** 사다리
   나는 사다리를 타고 나무에서 내려갈 것이다.
2. We were some sixty ____________ .
   우리는 모두 합쳐 60명쯤 되었다.
3. Did you ____________ your wallet?
   지갑 안을 찾아봤어요?
4. ____________ Mars resembles our planet. **planet** 혹성
   화성은 지구와 몇 가지 점에서 닮았다.

3 우리말은 영어로, 영어는 우리말로 옮기시오.

1. He gave away most of his money to charity. **charity** 자선 단체
2. 그 남자가 일어서고 있다.

해답

1 1. but 2. poured 3. after 4. around 2 1. A 2. E 3. B 4. D 3 1. 그는 자기 돈의 대부분을 자선 단체에 주어 버렸다. 2. The man is going to stand up.

11th Day

make out　~을 이해하다, (겨우) ~을 알다

Can you *make out* what that sign says?
저 표지판에 뭐라고 적혔는지 알아요?
I couldn't *make out*[understand] at all what he meant.
그가 무슨 말을 하는지 전혀 알아들을 수가 없었다.

to the end　끝까지, 마지막까지

I read the novel *to the end*.
나는 그 소설을 끝까지 읽었다.
The old knight's servant was faithful *to the end*.　**knight** 중세 기사
그 늙은 기사의 하인은 끝까지 충실했다.

close at hand　아주 가까이에; 임박하여

Her sister was always *close at hand*.
그녀의 언니는 항상 가까이에 있었다.
The final exam is *close at hand*.
학기말 시험이 임박하였다.

turn away　~을 내쫓다, 물리치다

They had nowhere to stay so I couldn't *turn* them *away*.
그들은 머물 데가 없어서 난 그들을 내쫓을 수가 없었다.

stand to reason　도리에 맞다, 당연하다

It *stands to reason* that she refused your offer.
그녀가 당신의 제안을 거절한 것은 당연합니다.

stay at　~에 머무르다

I think I'll *stay* [*at*] home this evening.
난 오늘 저녁에는 집에 있을 거야.

by now　지금쯤

It must have stopped raining *by now*.
지금쯤 비는 틀림없이 멎었을 것이다.

look like ~와 닮았다(=resemble); ~처럼 보이다; ~할 것 같다

She *looks* just *like* her mother.
그 여자는 어머니를 빼닮았다.
It *looks like* rain.
비가 올 것 같다.

in surprise 놀라서

He caught his breath *in surprise*.
그는 놀라서 숨을 죽였다.
- **catch[hold] one's breath** 숨을 죽이다

a lot of 많은(=lots of, plenty of)

I haven't got *a lot of* time.
저는 시간이 많지 않아요.
It took up *a lot of* effort and time to finish the homework.
숙제를 하는 데 많은 노력과 시간이 들었다.
- **a lot of**는 수나 양에 모두 쓰인다. **lots of** 많은(=many, much)

ex) *Lots of* roses were in the garden.
정원에 많은 장미들이 피어 있었다.

숙어 SPECIAL **a lot of와 a lot이 서로 다른 이유**

a lot은 '많이, 매우' 라는 뜻의 부사로 쓰입니다.
Thanks *a lot*. 대단히 고맙습니다.
This is *a lot* better. 이게 훨씬 좋다.
a lot of는 '많은' 이라는 뜻으로, 명사(구) 앞에서 쓰입니다.
I expected that it would cost a lot of money.
나는 그 일에 많은 비용이 들 것이라고 예상했다.
여기에서 a lot of와 a lot의 차이점은 of의 유무라는 것을 알 수 있습니다.
이 말은 a lot of는 형용사처럼 뒷말을 꾸며 준다는 것을 의미하지요.
a lot of apples, a lot of people, a lot of pens 등과 같이 말입니다.
하지만 a lot은 명사를 꾸며 주는 게 아니라 그냥 '많이', '대단히' 라는 뜻입니다.

11th Day Test

1 우리말과 같은 뜻이 되도록 빈 칸에 들어갈 알맞은 말을 쓰시오.

1. 그가 말하는 것을 알 수가 없다.
   I can't make him ____________ .
2. 그는 친구들이 많다.
   He has a ____________ of friends.
3. It stands to ____________ that nobody will work without pay.
   어느 누구도 보수를 받지 않고는 일하지 않을 것이 분명하다.
4. She turned ____________ a beggar.
   그 여자는 거지를 내쫓았다.

2 빈 칸에 들어갈 알맞은 말을 〈보기〉에서 찾아 그 기호를 쓰시오.

〈보기〉			
	A. by now	B. stay at	C. turn away
	D. close at hand	E. look like	F. in surprise

1. Help was ____________ .
   도움은 아주 가까운 곳에 있었다.
2. She wants to ____________ a hotel.
   그 여자는 호텔에 머무르기를 원한다.
3. He ought to have arrived ____________ .
   그가 지금쯤은 도착했어야 한다.
4. 당신은 어머니를 쏙 빼닮았군요.
   You really ____________ your mother.

3 우리말은 영어로, 영어는 우리말로 옮기시오.

1. She looked up in surprise when I shouted.
2. 그들은 최후까지 싸웠다.

해답

1 1. out 2. lot 3. reason 4. away 2 1. D 2. B 3. A 4. E 3 1. 내가 고함을 지르자 그녀가 놀라서 고개를 들고 쳐다보았다. 2. They fought to the end.

: 12th Day

[every] now and then 때때로, 가끔(=sometimes)

She writes to her son *every now and then*.
그녀는 때때로 아들에게 편지를 쓴다.
I like to go to the opera *now and then*.
나는 가끔 오페라 보러 가는 걸 좋아한다.

a number of 다수의; 얼마간의(=some)

A number of people got hurt in the accident.
그 사고로 많은 사람들이 다쳤다.

- **a small number of** 소수의
  ex) Only *a small number of* families have cars there.
  그곳에는 오직 소수의 가정만이 차를 갖고 있다.

look out 밖을 보다; 주의하다

Look out the window here.
여기서 창문 밖을 보세요.
You should *look out* for pickpockets. **pickpocket** 소매치기
소매치기를 조심해야 해.

enjoy oneself 유쾌하게 지내다, 즐기다

The children seem to be *enjoying themselves*.
아이들이 즐거워하는 것 같다.
I *enjoyed myself* at the school festival.
나는 학교 축제에서 재미있게 즐겼다.

in confusion 혼란하여, 당황해서

The whole city is plunged *in confusion*. **plunge** [어떤 상태]에 빠지다
전 시내가 혼란에 빠져 있다.

turn back 되돌아가다(=return)

I couldn't decide whether to go or *turn back*.
나는 가야 할지 돌아서야 할지를 결정할 수 없었다.
The weather became so bad that they had to *turn back*.
날씨가 매우 나빠서 그들은 되돌아와야 했다.

close to　～에 가깝게, 접근한

The post office is *close to* the school.
우체국은 학교와 가깝다.

off the record　비공식적으로, 인용해서는 안 되는

This is *off the record*, but I disagree with him on this matter.
이것은 비공식적인 것이지만 나는 이 문제에 대해 그와 의견이 맞지 않는다.

look+형용사　～인 것처럼 보이다

You're *looking* very *well*.
당신 아주 건강해 보이는군요.

- like+(동)명사 ; ~처럼 생각되다
  ex) **It looks** like ***snow***. 눈이 올 것 같다.

give in　(보고서 등)을 제출하다, 건네주다; 굴복하다, 항복하다

Give your report *in* by Friday.
금요일까지 보고서를 제출하세요.
He easily *gave in* to this temptation.
그는 쉽게 이 유혹에 넘어가 버렸다.

숙어 SPECIAL　You look sadly.가 틀린 이유

'You look sadly.' 라는 문장이 문법적으로 옳지 않은 이유는 sadly가 부사이기 때문입니다. sadly를 형용사로 고쳐서 'You look sad.' 라고 해야 맞습니다.
look은 보어를 필요로 하는 감각동사입니다. 보어로는 형용사나 명사가 가능한데, look은 보어로 형용사를 쓰지요. 그래서 보어 자리에는 부사가 아닌 형용사가 와야 한답니다.

look+형용사 : 그야말로 ~처럼 보이다
You look so pale. 당신은 너무 창백해 보입니다.
You look happy. 당신은 행복해 보입니다.

12th Day Test

1 우리말과 같은 뜻이 되도록 빈 칸에 들어갈 알맞은 말을 쓰시오.

1. 그들의 요구에 굴복하지 마라.
   Don't ____________ in to their demands.
2. 그는 때때로 나를 방문한다.
   He visits me now and ____________ .
3. We enjoyed ____________ at the picnic.
   우리는 소풍에서 재미있게 놀았다.
4. 차 조심하세요.
   Look[Watch] ____________ for cars.

2 빈 칸에 들어갈 알맞은 말을 〈보기〉에서 찾아 그 기호를 쓰시오.

〈보기〉			
	A. close to	B. watch out	B. in confusion
	D. off the record	E. give in	F. turn back

1. All is ____________ .
   온통 뒤죽박죽이다.
2. His comments were ____________ . **comment** 논평
   그의 논평은 비공식적인 것이었다.
3. All of us will not ____________ .
   우리 모두는 되돌아가지 못할 것이다.
4. Don't put up your tents ____________ the water.
   천막을 물 가까이에 치지 마세요.

3 우리말은 영어로, 영어는 우리말로 옮기시오.

1. A number of people in the supermarket seem to be tired and in a hurry.
2. 그들은 매우 행복해 보인다.

해답 1 1. give 2. then 3. ourselves 4. out 2 1. C 2. D 3. F 4. A 3 1. 슈퍼마켓에 있는 많은 사람들이 피곤하고 서두르는 것처럼 보인다. 2. They look so happy.

13th Day

give up ~을 포기하다(=abandon), (희망 등)을 버리다

I'll never *give* it *up*.
나는 절대로 그것을 포기하지 않겠다.
Don't *give up* hope.
희망을 버리지 마세요.

turn down 낮추다; 약하게 하다

Sorry, but would you please *turn down* the TV a little?
죄송하지만 TV 소리 좀 낮춰 주시겠어요?
Do you mind if I *turn down* the air conditioning?
에어컨을 좀 약하게 해도 될까요?

stay out 밖에 있다, 집으로 돌아가지 않다

You said you were going to *stay out* all night!
네가 밤새 밖에서 놀 거라고 했잖아!

stay away [from] (~에서) 떨어져 있다

Stay away from me!
나한테서 떨어져!
Stay out of, and *away from*, water.
물에서 나와, 물과의 접촉을 피해라.

on [the] record 기록적인; 공식적인

He put his views *on record*.
그는 자기 의견을 공식적으로 알렸다.

in memory of ~을 기념하여

I send you this card *in memory of* our meeting.
우리의 만남을 기념하여 이 카드를 당신에게 보냅니다.
There was a party *in memory of* Albert Einstein's birth.
알버트 아인슈타인의 탄생을 기념하는 파티가 있었다.

catch[get, come down with] a cold 감기에 걸리다

Close the window, or you will *catch a cold*.
문을 닫으세요. 안 그러면 당신은 감기에 걸릴 거예요.

agree to (의견, 제안, 계획 등에) 동의하다

I cannot *agree to* your proposal. **proposal** 제안
나는 너의 제안에 동의할 수 없다.

- **agree with someone** (어떤 사람에게) 동의하다
  agree to something (어떤 일에) 동의하다

even though 비록 ~일지라도(=even if)

I like painting *even though* I am not a good painter.
나는 그림은 잘 못 그리지만 그림 그리기를 좋아한다.

- even though는 even if보다도 뜻이 더 강하다.

look over 저쪽을 보다; ~을 점검하다; 대충 훑어보다

Look over there! He's coming.
저길 봐라! 그가 오고 있다.
We must *look over* the house.
우리는 집을 점검해 보아야 한다.
I *looked over* the notes before the test.
나는 시험 전에 메모해 둔 것을 훑어보았다.

숙어 SPECIAL agree와 관련된 숙어들

agree to는 '어떤 의견에 동의하다' 라는 뜻이고, agree with는 '의견이 어떤 사람과 일치하다' 라는 뜻입니다. 여기에서 agree to는 사물보다는 제안(proposal)과 같이 사용되어 '(제안 등을) 승낙하다' 의 뜻으로 가장 많이 쓰입니다. 또한 agree on은 '~에 대하여 의견을 같이하다' 의 뜻으로, '동일하다, 동감하다' 라는 의미입니다.
I agree to your opinion.
당신의 의견에 찬성합니다.
We agreed to start at once.
우리는 즉시 떠나기로 합의했다.
I agree with you.
당신과 같은 의견입니다.
They agreed on[upon] the terms. 그들은 그 조건에 대해서 합의를 보았다.

13th Day Test

1 우리말과 같은 뜻이 되도록 빈 칸에 들어갈 알맞은 말을 쓰시오.

1. 난 네가 그렇게 늦게 나돌아 다니는 거 싫어.
   I don't like you staying ____________ so late.
2. 그들은 나의 계획에 동의하였다.
   They agreed ____________ my plan.
3. 우리는 그 계획을 포기했다.
   We gave ____________ the plan.
4. 저 감기에 걸렸나 봐요.
   I think I'm ____________ a cold.

2 빈 칸에 들어갈 알맞은 말을 〈보기〉에서 찾아 그 기호를 쓰시오.

〈보기〉			
	A. stay away	B. agree with	C. in memory of
	D. on record	E. even though	F. look over

1. It was the heaviest snow ____________ .
   기록적인 폭설이었다.
2. The marathon began ____________ the soldier.
   마라톤은 그 병사를 기념하여 시작되었다.
3. Could you just ____________ this?
   이것을 한번 훑어봐 주시겠습니까?
4. ____________ from those kids.
   그 아이들과 같이 어울리지 마세요.

3 우리말은 영어로, 영어는 우리말로 옮기시오.

1. Even though everyone played well, we lost the game.
2. 텔레비전 소리를 낮추세요.

해답 1 1. out 2. to 3. up 4. catching 2 1. D 2. C 3. F 4. A 3 1. 모두가 잘 싸웠는데도 불구하고 우리는 그 경기에 졌다. 2. Please turn down the TV.

14th Day

turn in (보고서 등)을 제출하다, 건네다; ~을 돌려 보내다

I have to *turn* this *in* tomorrow.
나는 이것을 내일 제출하지 않으면 안 된다.

in order to ~하기 위하여

I studied very hard *in order to* pass the exam.
나는 시험에 합격하기 위하여 매우 열심히 공부했다.

be going to (사람이) ~하려고 하는 참이다; ~할 작정이다

We*'re going to* go on a picnic.
우리는 소풍을 갈 예정이다.

- **be going to+동사** : ~하고자 하다.
  ex) I *am going to* write a letter to my uncle.
  나는 삼촌께 편지를 쓰려고 한다.

give back 돌려주다

Could you *give* me *back* my pen?
제 펜을 돌려주시겠어요?
The operation *gave* her *back* the use of her legs.
그 수술로 그녀는 다시 다리를 쓸 수 있게 되었다.

look up 올려보다; ~을 찾아보다(=refer to), 조사하다

We *looked up* at the tower.
우리는 탑을 올려보았다
Look up the word in the dictionary.
사전에서 단어를 찾아보아라.

stay up 잠자지 않고 깨어 있다

I *stayed up* all night studying.
나는 밤새 공부했다.

occur to (머리)에 갑자기 떠오르다

An idea has *occurred to* me.
내게 한 생각이 떠올랐다.
Didn't it ever *occur to* you that I would be worried?
내가 걱정할 거라는 생각이 안 들었니?

all of a sudden 갑자기, 별안간(=all at once, suddenly)

All of a sudden the sky became dark and it started to rain.
갑자기 하늘이 어두워지고 비가 내리기 시작했다.

- **all of ~a+명사** : ~인 상태로, ~의 전부로

come across ~와 우연히 마주치다; (생각 등이) 문득 떠오르다

I *came across* my old friend today.
나는 오늘 옛 친구와 우연히 마주쳤다.
A good idea *came across* my mind.
좋은 생각이 문득 머리에 떠올랐다.

regard A as B A를 B로 간주하다

I *regarded* him *as* the best doctor in town.
나는 그를 마을에서 제일 좋은 의사라고 생각했다.

숙어 SPECIAL

in order to에서 in order의 생략과 to부정사

in order to와 to부정사의 차이점을 파악하기가 애매한 경우가 있습니다. 예를 들어 아래와 같은 문장들이 그렇지요.

A. What do I have to do *in order to* pass this class?
B. What do I have to do *to pass* this class?

위의 문장들은 서로 어떤 차이가 날까요?

서로 형태는 다르지만 '이 수업을 수료하려면 뭘 해야 하나요?' 라는 같은 뜻의 문장들입니다. 단지 in order를 생략한 것이지요.

단, to부정사는 '~을 위해' 라는 뜻(부사적 용법) 외에도 '~하는 것' 이란 의미(명사적 용법)로 사용될 때도 있습니다.

일반적으로는 in order를 생략한 상태로 사용하지만, 생략시 그 뜻이 애매해질 우려가 있다면 생략하지 않는 것이 좋습니다.

14th Day Test

1 우리말과 같은 뜻이 되도록 빈 칸에 들어갈 알맞은 말을 쓰시오.

1. 나는 사전에서 그 단어를 찾아보았다.
   I looked the word ____________ in the dictionary.
2. 참신한 생각이 뉴턴에게 떠올랐다.
   A fresh idea ____________ to Newton.
3. 나는 우연히 아버지의 오랜 사진을 보았다.
   I came ____________ an old photograph of my father.
4. 나는 다음 달이면 열다섯 살이 된다.
   I'm ____________ to be fifteen next month.

2 빈 칸에 들어갈 알맞은 말을 〈보기〉에서 찾아 그 기호를 쓰시오.

〈보기〉			
	A. in order to	B. turn in	C. look up
	D. stay up	E. all of a sudden	F. give back

1. ____________ your reports on Monday.
   월요일에 리포트를 제출하시오.
2. He arrived early ____________ get a good seat.
   그는 좋은 자리를 잡으려고 일찍 도착했다.
3. The children want to ____________ late.
   아이들이 늦게까지 자지 않고 깨어 있기를 원한다.
4. ____________ he began to run.
   갑자기 그는 뛰기 시작했다.

3 우리말은 영어로, 영어는 우리말로 옮기시오.

1. He regards me as a rival for his job.
2. 제 공을 되돌려 주세요.

해답 1 1. up 2. occurred 3. across 4. going 2 1. B 2. A 3. D 4. E 3 1. 그는 나를 자기 일자리에 대한 경쟁자로 여긴다. 2. Please give me my ball back.

15th Day

turn off (텔레비전 등)을 끄다; (수도 등)을 꼭지를 틀어 잠그다

Please *turn off* the gas[light, television] before you go out.
외출하기 전에 가스[전등, 텔레비전]를 끄시오.
After a while it *turns off* by itself.
시간이 지나면 저절로 꺼집니다.

rely on ~을 의지하다, 믿다

You can *rely on* me to keep your secret.
내가 네 비밀을 지킬 거라는 건 믿어도 돼.
The man is *relying on* me.
저 남자는 저를 믿고 있어요.

ever since ~이래 줄곧[내내]

depress 낙담시키다, 우울하게 하다(disappoint보다 뜻이 강함)
She has been depressed *ever since* her sister's death.
그녀는 언니가 죽은 이후 계속 우울해 있다.

- **since**는 보통 계속을 나타내는 완료형의 동사와 함께 '~ 이래 죽, ~부터 내내'의 뜻을 나타낸다.

again and again 반복해서(=repeatedly), 몇 번이고 되풀이해서

He makes the same mistakes *again and again*.
그는 되풀이해서 같은 실수를 저지른다.
I've told you *again and again* not to do that.
그렇게 하지 말라고 누차 말했잖아.

come back 돌아오다

She shouted to her friend to come back.
그녀는 친구에게 돌아오라고 외쳤다.

- *Come back* to your senses. 정신 좀 차리세요.

in search of ~을 찾아서, ~을 추구하여

Men sailed far *in search of* new islands.
사람들은 새로운 섬을 찾아 멀리 항해를 떠났다.

step by step 꾸준히, 한 걸음 한 걸음

Step by step one goes far.
《속담》 천리 길도 한 걸음부터.

look up to ~을 존경하다, 우러러보다

All the students *look up to* their teacher.
모든 학생들이 선생님을 존경한다.
They all *look up to* him as their leader.
그들 모두가 그를 지도자로 우러러보고 있다.

ahead of ~의 앞에

I work hard to get *ahead of* others.
다른 사람들보다 앞서기 위해 열심히 일한다.
There is always someone one step *ahead of* you.
《속담》 뛰는 놈 위에 나는 놈 있다.

- **ahead of time** 벌써

go about 돌아다니다, (소문 등이) 퍼지다; ~에 착수하다

There's a rumor *going about* that the principal's going to resign.
교장 선생님이 사임하리라는 소문이 나돌고 있다.

숙어 SPECIAL since 앞에 ever를 붙이는 이유

since와 ever since는 '~한 이래' 로 같은 뜻인데 서로 뭐가 다를까요?
그것은 ever을 앞에 써주어 그 의미를 더 강조하는 것이라고 보면 됩니다. 그러므로 since와 ever since는 그 뜻에는 큰 차이가 없습니다.
She's been ill *since* Sunday.
그녀는 일요일부터 아프다.
I have known her *ever since* she was a child.
나는 그녀를 어렸을 때부터 죽 알고 있다.
한편, since는 because만큼 강한 인과 관계를 나타내지는 않지만, '~이므로, ~때문에' 의 뜻으로 쓰일 때도 있는데, 보통 since절이 주절보다 앞에 옵니다.
Since I haven't got her address I can't write to her.
나는 그녀의 주소가 없어서 그녀에게 편지를 못 쓴다.

15th Day Test

1 우리말과 같은 뜻이 되도록 빈 칸에 들어갈 알맞은 말을 쓰시오.

1. 라디오 좀 끄지 그래요.
   Why don't you turn the radio ___________ ?
2. 네가 거기에 와 줄 것으로 믿는다.
   I'm ___________ on you to be there!
3. 그는 조류 독감 연구를 시작했다.
   He went ___________ studying bird flu. **bird flu** 조류 독감
4. 이 문장을 반복해서 읽으시오.
   Read this sentence ___________ and again.

2 빈 칸에 들어갈 알맞은 말을 〈보기〉에서 찾아 그 기호를 쓰시오.

〈보기〉			
	A. look up to	B. turn off	C. in search of
	D. ahead of	E. ever since	F. step by step

1. The car ___________ me is black.
   나의 앞에 있는 자동차는 검은 색이다.
2. The birds flew ___________ food.
   새들은 먹이를 찾아서 날아갔다.
3. I'll explain it to you ___________ .
   내가 차근차근 네게 그것을 설명해 줄게.
4. Everybody needs someone to ___________ .
   누구에게나 우러러볼 수 있는 사람이 필요하다.

3 우리말은 영어로, 영어는 우리말로 옮기시오.

1. I've known him ever since we were at school together.
2. 그들은 곧 돌아올 것이다.

해답

1 1. off 2. relying 3. about 4. again 2 1. D 2. C 3. F 4. A 3 1. 우리가 함께 학교 다닐 때부터 나는 죽 그를 알아 왔다. 2. They will come back soon.

16th Day

by air[bus, subway] 비행기로, 항공편[버스, 지하철]으로

I arrived in Paris *by air* last night.
어젯밤 비행기로 파리에 도착했습니다.

- 'by+교통수단' 일 때는 관사가 오지 않고, 'in+교통수단' 에는 관사가 붙는다. **by subway** 지하철을 타고
  ex) I came here *in a car*.
  나는 차를 타고 여기에 왔다.

go across ~을 가로지르다, 건너가다

He *went across* the river by ferry. **ferry** 나룻배
그는 나룻배로 강을 건넜다.

of course 물론, 당연히, 그렇고말고

Of course, time is more than money.
물론 시간은 금전 이상의 것이다.

step in ~안으로 걸어 들어오다(=walk in, come in); 참가하다

He opens the door and *steps in*.
그는 문을 열고 들어선다.
Do you think you would be able to *step in*?
당신이 참가할 수 있겠어요?

remind A of B A에게 B를 생각나게 하다

This picture *reminds* me *of* my student days.
이 사진을 보면 나는 학생 시절을 떠올린다.

in short 한마디로 해서, 요컨대(=briefly)

In short, our bodies talk, too.
요약하면 우리의 신체 역시 말을 하는 것이다.
In short, history is an art.
간단히 말해 역사는 예술이다.

come down 내려오다; 떨어지다; (비 등이) 내리다

We hope to *come down* to Busan next week.
우리는 다음 주에 부산으로 내려갔으면 합니다.

- **come down to breakfast** 아침을 먹으러 (위층 침실에서) 내려오다

object to ~에 반대하다

He *objected to* our plans.
그는 우리 계획에 반대했다.

turn on (라디오 · 텔레비전 등)을 켜다, (수도 · 가스 등)을 틀다

Please *turn on* the gas[light, television].
가스[전등, 텔레비전]를 켜시오.

- **turn on=switch on, turn off=switch off**

every other day 하루 걸러, 격일로

I go swimming *every other day*.
나는 이틀에 한 번 수영하러 간다.

숙어 SPECIAL

교통수단 앞에 by가 붙는 이유

영어의 전치사는 in(~ 안의), out(~ 밖의) with(~와 함께)라는 식의 기본 의미만으로는 이해하기 어려운 경우가 있습니다.
즉, 숙어에 특수 용법의 전치사가 들어가 있는 경우가 있습니다. 예를 들어 'by+교통수단' 처럼 교통수단 앞에 전치사 by가 나올 때는 단순히 전치사 고유의 의미만 알고서는 이해할 수 없습니다.
특히 수단과 방법을 나타내는 전치사에는 다음과 같은 것들이 있습니다.

- by+교통수단 : You can get there either *by train* or *by ship*.
  당신은 배나 기차로 거기에 갈 수 있습니다.
- with+도구 : I like to draw *with a pencil*.
  나는 연필로 그리는 것을 좋아한다.
- in+언어 : Su-mi likes to write letters *in English*.
  수미는 영어로 편지 쓰는 것을 좋아한다.

16th Day Test

1 우리말과 같은 뜻이 되도록 빈 칸에 들어갈 알맞은 말을 쓰시오.

1. 나는 자전거를 타고 학교로 가고 있다.
   I'm going to school ____________ bike.
2. "펜 좀 빌릴 수 있을까요?" "그럼요."
   "Can I borrow your pen?" "Of ____________ ."
3. 안으로 좀 들어서 주십시오.
   Could you ____________ in a little, please?
4. 그를 보면 그의 동생이 생각난다.
   He reminds me ____________ his brother.

2 빈 칸에 들어갈 알맞은 말을 〈보기〉에서 찾아 그 기호를 쓰시오.

〈보기〉			
	A. go across	B. every other day	C. step in
	D. object to	E. in short	F. turn on

1. ____________ the street.
   길을 건너가십시오.
2. ____________ , you are wrong.
   간단히 말하자면, 네가 잘못이다.
3. He calls me ____________ .
   그는 하루 걸러 한 번씩 내게 전화를 한다.
4. I ____________ your smoking.
   나는 너의 흡연에 반대한다.

3 우리말은 영어로, 영어는 우리말로 옮기시오.

1. Her hair comes down to her waist.
2. 라디오를 켭시다.

해답

1 1. by 2. course 3. step 4. of 2 1. A 2. E 3. B 4. D 3 1. 그녀의 머리카락은 허리까지 내려온다. 2. Let's turn on the radio.

17th Day

everyone else 다른 모든 사람(=all the other people)

He has a hobby like *everyone else*.
그도 다른 모든 사람들처럼 취미를 가지고 있다.

- else (그 밖에, 달리, 다른)는 everyone, anyone, everything, anything, something, nothing 따위의 부정대명사 뒤에 쓰인다.

for rent 세 놓는, 임대하는

Rooms *for rent*. 《게시》 셋방 있음.
He hunted for a house *for rent* all day long.
그는 하루 종일 셋집을 구하러 돌아다녔다.

all around 도처에

There were many flowers *all around*.
여기저기에 많은 꽃들이 피어 있었다.
I'm feel pain *all around* my waist.
허리 부근이 다 아픕니다.

come from ~의 출신이다; ~에 유래하다, ~에서 생기다

Min-gyu *comes from* Seoul.
민규는 서울 출신이다.

- '~출신이다' 의 의미로 쓰일 때 come from은 항상 현재형으로 쓴다.

Where did that noise *come from*?
저 소리가 어디서 나는 거지?

on and off 때때로, 단속적으로(=off and on)

It rained *off and on* all day.
하루 종일 비가 오락가락 했다.
He goes to see a movie *on and off*.
그는 가끔 영화 보러 간다.

go after ~을 뒤쫓다; ~을 구하다, 찾다

The woman *went after* the boy who stole her purse.
그 여자는 자기의 지갑을 훔친 소년의 뒤를 쫓았다.
We're both *going after* the same job.
우리는 둘 다 같은 직장을 구하려고 하고 있다.

stick to (의견 등)을 끝까지 고수하다, 끝까지 버티다, 지키다

He *stuck to* his idea, and finally finished the project.
그는 그의 생각을 끝까지 고집하더니 결국 과제를 끝냈다.
He asked me to *stick to* anything long.
그는 내게 무슨 일이든 꾸준히 하라고 하였다.

- **stick to one's promise** 약속을 어김없이 지키다

turn out (전등 · 가스 등)을 끄다, ~의 결과가 되다; 결국은 ~이 되다

Turn out the lights before you go to bed.
잠자기 전에 소등을 해라.
The thing will *turn out* right.
그 일은 잘 될 것이다.

after school 방과 후에

After school I went back home.
방과 후에 나는 집으로 돌아왔다.

in the beginning 처음에는

In the beginning, nobody knew he was mad.
처음에는 아무도 그가 미쳤다는 사실을 몰랐다.

숙어 SPECIAL come from의 틀리기 쉬운 표현

다음 문장은 언뜻 보기에 제대로 된 문장으로 보입니다. 그렇지만 치명적인 실수가 보입니다. 그것은 무엇일까요?
Where *are* you *come from*?
영어에서는 be동사와 동사원형이 함께 쓰일 수 없기 때문에 위의 문장은 틀립니다. 따라서 "어디 출신인가요?"는 "Where *are* you *from*?", 또는 "Where *do* you come *from*?", "Where *are* you *born*?" 등이 옳은 표현입니다.
Where *do* you *call your hometown*?
고향이 어디신가요?
Where *did* you *grow up*?
어디서 자라셨나요?

17th Day Test

1 우리말과 같은 뜻이 되도록 빈 칸에 들어갈 알맞은 말을 쓰시오.

1. 그는 도둑들을 뒤쫓아 갔다.
   He went ____________ the burglars. **burglar** 도둑
2. 그녀는 세계 곳곳을 여행하였다.
   She has traveled all ____________ the world.
3. 그는 정신이 오락가락합니다.
   His mind comes ____________ and on.
4. 그게 내 이야기이고 난 그것을 고수할 것입니다.
   That's my story and I'm sticking ____________ it.

2 빈 칸에 들어갈 알맞은 말을 〈보기〉에서 찾아 그 기호를 쓰시오.

〈보기〉			
	A. come from	B. stick to	C. everyone else
	D. turn out	E. after school	F. for rent

1. Everyone knows ____________ .
   모든 사람들이 서로의 사정을 잘 알고 있다.
2. Where does this conclusion ____________ ? **conclusion** 결론
   어디에서 이런 결론이 나오나요?
3. I want to find an apartment ____________ .
   임대 아파트를 찾고 싶습니다.
4. Everything will ____________ all right.
   만사가 잘 될 것 같다.

3 우리말은 영어로, 영어는 우리말로 옮기시오.

1. 방과 후에 축구를 하자.
2. In the beginning, I mistook him for his brother.

해답

1 1. after 2. around 3. off 4. to 2 1. C 2. A 3. F 4. D 3 1. Let's play soccer after school. 2. 처음에 나는 그를 그의 형으로 착각했다.

18th Day

go ahead 먼저 가세요!(=after you!), 자, 하세요!; ~보다 앞서가다

"May I start now?" "Yes, *go ahead*."
"지금 시작해도 되나요?" "네, 시작하세요."
I'll *go ahead* and tell them you're on the way.
내가 앞서 가서 당신이 오는 중이라고 그들에게 말하겠다.

on and on 계속하여, 쉬지 않고

They talked *on and on*.
그들은 쉬지 않고 이야기를 했다.

in the course of ~의 과정에서(=in process of)

He realized his failure *in the course of* conversation.
그는 대화를 나누는 동안에 자기의 실패를 깨달았다.

rent out (돈을 받고) 빌려 주다, 임대하다

We've decided to *rent out* our spare room. **spare** 예비의, 여분의
우리는 여분의 방을 세놓기로 결정했다.

come in 들어가다, 들어오다

May I *come in?*
들어가도 됩니까?
Come in and have a seat.
들어와서 앉으세요.

stop by (도중에 사람의 집에) 들르다, 방문하다

I'll *stop by* on my way home.
집으로 가는 도중에 잠시 들르겠습니다.
Please *stop by* my house sometime.
저의 집에 한 번 놀러 오세요.

fall in love (with) (~와) 사랑에 빠지다, 연애하다

I have *fallen* deeply *in love with* her.
나는 그 여자를 몹시 사랑하게 되었다.

- With love (편지의 맺는 말로) 사랑을 담아서 → Love라고 쓰기도 한다. 주로 여성이 사용하지만, 친한 사이에서는 남성도 쓴다.

all day long 하루 종일

I did nothing but sleep *all day long*.
나는 하루 종일 잠만 잤다.

turn over ~을 뒤집다; 책장을 넘기다; ~을 숙고하다; 넘겨주다

I *turned over* the pages of my diary.
나는 일기장의 페이지를 넘겼다.
She kept *turning over* the events of the day in her mind.
그녀는 그날 있었던 일들을 계속해서 마음속으로 곱씹었다.

every four years 4년마다(=every fourth year)

The Olympic Games are held *every four years*.
올림픽 경기는 4년마다 개최된다.

- **every two years** 한 해 걸러, 2년마다(=every other year, every second year)

숙어 SPECIAL go ahead의 이모저모

go ahead는 '앞서가다; 추진하다'라는 뜻을 가지고 있습니다. ahead는 '~에 앞서'라는 뜻이고, 그 앞에 go가 있으니 '~에 앞서 가다'라고 생각할 수 있지요.
go ahead는 상대방이 뭔가를 해도 되냐고 물었을 때 승낙하는 표현으로도 씁니다. 예를 든다면 상대방이 "창문을 닫아도 되겠니?"라고 물었을 때 "Go ahead."라고 대답한다면 "지금 닫아."와 같은 뜻이 됩니다.

go ahead는 위와 같이

• "~하세요."처럼 허락을 할 때 쓰입니다.
"Can I have the sports section?" "Yeah, *go ahead,* I've read it."
"스포츠 섹션을 제가 봐도 될까요?" "네, 그러세요, 전 읽었어요."

• 계획된 일에 문제가 생겨도 그대로 진행할 때 쓰입니다.
Jin-su will be late but we'll *go ahead* with the meeting anyway.
진수는 늦게 올 거야. 하지만 어쨌든 회의를 진행할 거야.

18th Day Test

1 우리말과 같은 뜻이 되도록 빈 칸에 들어갈 알맞은 말을 쓰시오.

1. 어서 드시지 그러세요?
   Why don't you go ____________ and eat?
2. 나는 그에게 차를 빌려 주었다.
   I ____________ out my car to him.
3. 환자를 엎드리게 돌려 눕혀라.
   Turn the patient ____________ onto his front.
4. 그 소음은 줄곧 계속되었다.
   The noise just went on and ____________ .

2 빈 칸에 들어갈 알맞은 말을 〈보기〉에서 찾아 그 기호를 쓰시오.

〈보기〉			
	A. come in	B. fall in love	C. on and on
	D. in the course	E. stop by	F. all day long

1. Korea is ____________ of development.
   한국은 발전 중에 있다.
2. ____________ and make yourself comfortable.
   들어와서 편히 앉으십시오.
3. Won't you ____________ for a coffee?
   커피 한 잔하러 잠깐 들르지 않겠어요?
4. It's not easy to ____________ .
   사랑에 빠지는 일은 쉽지 않다.

3 우리말은 영어로, 영어는 우리말로 옮기시오.

1. 그녀는 하루 종일 바빴다.
2. In the United States, presidential elections are held once every four years.

해답

1 1. ahead 2. rented 3. over 4. on 2 1. D 2. A 3. E 4. B 3 1. She was busy all day long. 2. 미국에서 대통령 선거는 4년마다 실시된다.

:19th Day

turn to ~쪽으로 향하다, ~에 도움을 청하다, ~에 의지하다

Go straight ahead and *turn to* the right at the first corner.
곧장 앞으로 가다가 첫 번째 모퉁이에서 오른쪽으로 도세요.
They *turned to* the world for help.
그들은 세계에 도움을 요청했다.
Why not *turn to* this book?
왜 이 책을 참조하지 않나요?

come into ~에 들어오다; (어떤 상태가) 되다

She *came into* the room and shut the door.
그녀는 방으로 들어와서 문을 닫았다.
When do grapes *come into* season?
포도는 언제가 제철입니까?

be everything to ~에게 가장 소중하다, 전부이다

He *is everything to* me.
그는 내게 가장 소중하다.

report to ~에게 보고하다; 신고하다

You will *report* the error *to* the principal at once. **principal** 윗사람, 우두머리
너는 즉시 그 잘못을 윗사람에게 보고해야 할 것이다.
So did you *report* it *to* the police?
그래서 경찰에 신고하셨습니까?

go along 나아가다

How's your work *going along?*
일의 진행은 어떻습니까?

- **go along with** (결정 등)에 따르다; 동행하다
  ex) I try to *go along with* the fashion.
  나는 유행에 따르려고 한다.

in the middle of 한창 ~하는 중에; ~의 가운데

They are *in the middle of* solving a difficult problem.
그들은 한창 어려운 문제를 풀고 있는 중이다.

agree with ~(의 의견)에 동의하다; 일치하다, 적합하다

I *agree with* your opinion completely.
당신의 의견에 전적으로 동의한다.

- 'agree with+사람' 은 '~에 동의하다' 란 의미 외에 '~와 어울리다' 의 뜻을 나타내기도 한다.

such as 이를테면, 예를 들면, ~와 같은

I like snacks, *such as* chocolates, candies, and cookies.
나는 초콜릿, 사탕, 쿠키와 같은 간식을 좋아한다.
Let's plant flowers *such as* roses and tulips.
장미와 튤립 같은 꽃을 심읍시다.

- flowers such as roses and tulips에서 such를 명사 앞에 놓아 such flowers as roses and tulips라고 해도 좋다.

turn up 일어나다, 위를 향하다; 상승하다

He *turned up* the collar of his coat.
그는 외투 칼라를 젖혀 세웠다.

on one's way (to) ~에 가는 길에

I am *on my way to* school.
나는 학교에 가는 길이야.

- **on the way home** 집에 가는 중에

숙어 SPECIAL **such as와 like의 미묘한 차이**

such as와 like는 그 의미가 비슷하지만, 약간의 차이점이 있습니다. 즉, such as는 구체적인 개체를 예로 들어 그와 동격임을 나타내는 데 반해, like는 그와 유사한 개체를 나타냅니다.

A. I like fruit *such as* apples, lemons and oranges.

B. I like fruit *like* lemons and oranges.

A 문장은 과일을 좋아하는데, 말하자면 사과, 레몬, 오렌지 등을 좋아한다는 것이고,
B 문장은 레몬이나 오렌지 같은 그런 과일(대충 그 정도의 성질을 가진 과일)을 좋아한다는 것이지요. 즉, 레몬, 오렌지도 좋아하고 그와 비슷한 과일도 좋아할 수 있는 것이라는 뜻입니다.

19th Day Test

1 우리말과 같은 뜻이 되도록 빈 칸에 들어갈 알맞은 말을 쓰시오.

1. 사정이 잘 돌아가고 있다.
   Things are going ____________ nicely.
2. 우리들은 곰, 사자, 코끼리와 같은 동물들을 보았다.
   We saw several animals ____________ as bears, lions and elephants.
3. 그는 거실로 들어왔다.
   He came ____________ the living room.
4. 나는 그 뉴스를 들으려고 라디오 소리를 크게 했다.
   I turned ____________ the radio to hear the news.

2 빈 칸에 들어갈 알맞은 말을 〈보기〉에서 찾아 그 기호를 쓰시오.

〈보기〉			
	A. in the middle of	B. report to	C. turn up
	D. on my way	E. agree with	F. come into

1. Please ____________ the reception on arrival. **reception** 접수계
   도착하는 대로 접수계에 알려주세요.
2. The table is ____________ the room.
   식탁은 그 방의 중앙에 있다.
3. I'd better be ____________ soon.
   난 곧 떠나는 게 좋겠다.
4. The climate here does not ____________ me.
   이곳의 기후는 내게 적합하지 않다.

3 우리말은 영어로, 영어는 우리말로 옮기시오.

1. Winning the award was everything to her.
2. 왼쪽으로 도세요.

해답 1 1. along 2. such 3. into 4. up 2 1. B 2. A 3. D 4. E 3 1. 그 상을 타는 것은 그녀에게 전부였다. 2. Turn to the left. 또는 Turn left.

20th Day

make ~ do　~에게 …시키다[하게 하다]

I *made* him *understand* it.
나는 그에게 그것을 이해시켰다.

come on　다가오다; 시작하다; 진행하다

Spring is *coming on*.
봄이 다가오고 있다.
What time does the news *come on*?
뉴스는 몇 시에 방송됩니까?

in the same way　같은 방법으로

He solved the problem *in the same way*.
그는 같은 방법으로 문제를 풀었다.

in reserve　비축해 두는, 예비의

The money has been kept *in reserve* for such an accident.
그 돈은 그러한 사고에 대비하여 비축되었다.

be made of　~으로 만들어지다(물리적 변화)

The bridge *is made of* stone.
그 다리는 석재로 만들어졌다.

- **be made up of**　~으로 구성되다
  ex) A baseball team *is made up of* nine people.
  야구팀은 아홉 명의 사람으로 구성되어 있다.

on the other hand　또 한편, 이와 반대로

I like math. *On the other hand*, Su-mi likes English.
나는 수학을 좋아한다. 그와 반대로[한편] 수미는 영어를 좋아한다.

go along with　~와 함께 가다; ~와 협력하다; ~에 찬성하다

I'm happy to *go along with* your suggestion.
너의 제안에 기꺼이 따르겠다.
I don't *go along with* her views.
나는 그녀의 견해에 동의하지 않는다.

suffer from ~로 고생하다, 고통 받다

Do you *suffer from* headaches?
당신은 두통에 시달리나요?

all over 여기저기, 도처에

He traveled *all over* the world.
그는 세계 도처를 여행했다.

- **over all** 전체에 걸쳐, 전반적으로; 끝에서 끝까지
  ex) He has made *over all* his property to his sons.
  그는 전 재산을 아들들에게 물려주었다.

except for ~을 제외하고

This book is very interesting *except for* some mistakes.
이 책은 약간의 틀린 데를 제외하고는 매우 재미있다.
The dress was ready *except for* its buttons. **button** 단추
단추 다는 일 말고는 옷이 다 되었다.

숙어 SPECIAL — make의 기본적인 용법

make는 여러 가지 용법이 있지만 아래의 네 가지는 가장 기본이 되는 것으로 꼭 알아두어야 합니다.

1. **make는 한 개의 목적어를 가지는 타동사로 쓰입니다.**
   I *made* a cake. 나는 케이크를 만들었다.
2. **수여동사 용법**
   She *made her daughter a dress.*
   그녀는 딸에게 옷을 한 벌 만들어 주었다.

위 문장의 make는 목적어 2개(간접목적어, 직접목적어)를 가지는 타동사의 용법으로 쓰였으며 give의 용법과 같습니다.

3. **목적어+보어를 가지는 용법**
   I *make him happy*. 나는 그를 행복하게 만들었다.
4. **사역동사 용법**
   I *made him go*. 나는 그를 가게 했다.
   위 문장에서 make의 의미는 let과 같습니다. 즉, 'I let him go.' 와 같은 의미입니다.

20th Day Test

1 우리말과 같은 뜻이 되도록 빈 칸에 들어갈 알맞은 말을 쓰시오.

1. 무슨 일이 있어도 내 마음은 변하지 않을 것이다.
   Nothing will ____________ me change my mind.
2. 나는 더위 때문에 고생을 했다.
   I ____________ from the heat.
3. 차는 금속으로 만들어져 있다.
   A car is ____________ of metal.
4. 그는 항상 약간의 돈을 비축해 둔다.
   He always keeps some money in ____________ .

2 빈 칸에 들어갈 알맞은 말을 〈보기〉에서 찾아 그 기호를 쓰시오.

〈보기〉	A. except for	B. suffer from	C. in the same way
	D. go along with	E. come on	F. all over

1. You can answer ____________ .
   너는 같은 방식으로 대답할 수 있다.
2. I try to ____________ the fashion.
   나는 유행을 따르려고 한다.
3. My hobby is to collect the stamps from ____________ the world.
   내 취미는 전 세계의 우표를 모으는 것이다.
4. It's fine ____________ one thing.
   한 가지를 제외하곤 좋습니다.

3 우리말은 영어로, 영어는 우리말로 옮기시오.

1. On the one hand he is kind, but on the other hand he is lazy.
2. 이쪽으로 오세요.

해답 1 1. make 2. suffered 3. made 4. reserve 2 1. C 2. D 3. F 4. A 3 1. 그는 한편으로는 친절하지만, 다른 한편으로는 게으르다. 2. Come on over here.

21st Day

go around (~의 주위)를 돌다, 돌아다니다; (소문 · 병 등)이 퍼지다

I *went around*.
나는 다른 길로 돌아서 갔다.
These days there's a bad flu virus *going around*. **bad flu virus** 독감
요즘 독감이 유행입니다.

at all (의문 · 조건 · 부정문에 쓰여) 전혀, 조금도, 조금이라도

I can't speak French *at all*.
나는 프랑스어를 전혀 할 줄 모른다.
I didn't enjoy it *at all*.
나는 그것이 조금도 즐겁지 않았다.

- at all은 사례의 인사를 받았을 때 '뭘요, 천만에요.(You are welcome.)'의 의미를 나타낼 때도 있다. → *Not at all*. 천만에요. 괜찮습니다.

make a mistake 실수하다

I *made a mistake* on the math test.
나는 수학 시험에서 실수를 하였다.

all at once 갑자기(=suddenly), 동시에, 전부 한꺼번에

The light went out *all at once*.
불이 갑자기 나가버렸다.
Don't eat the bread *all at once*.
빵을 한꺼번에 다 먹어치우지 말아라.

at rest 휴식하여; 잠들어; 정지하여

He is *at rest* now.
그는 지금 휴식을 취하고 있다.
She set her mind *at rest*.
그녀는 마음을 가라앉혔다.

be supposed to ~하기로 되어 있다

You *are supposed to* have a quiz today, aren't you?
오늘 쪽지 시험 보기로 했지, 그렇지?

come out 나오다; 나타나다

When is his new novel *coming out?*
그의 새 소설은 언제 나옵니까?

(all) by oneself 혼자서(=alone); 자신의 힘으로

I finished the work *by myself*.
나는 혼자서 그 일을 끝냈다.

- 요즘은 by oneself와 for oneself를 특별히 구별해서 쓰지 않는다.
  ex) He solved the problem *for himself*.
  그는 자기 힘으로 문제를 풀었다.

by turns 번갈아; 교대로

We went to New York driving *by turns*.
우리는 교대로 운전하여 뉴욕에 갔다.

in this way 이 방법으로, 이런 방식으로

I'm going to help you *in this way*.
나는 이런 방식으로 너를 돕고자 한다.

숙어 SPECIAL out 앞에 붙는 여러 가지 동사

come out, go out, get out 등은 out의 의미가 강하게 표현되는 숙어들입니다. out은 많은 뜻을 가지고 있지만, 그 앞에 붙는 동사와 연계하여 생각해 보면 충분히 이해할 수 있지요.

- come out은 안에서 바깥으로 나온다는 의미로 쓰이고, 책이 출판되었을 때나 답이 산출되었을 때도 쓰입니다.
  Come out! 밖으로 나와!
  New series of Harry Porter *came out* yesterday.
  '해리포터' 의 새로운 시리즈가 어제 새로 나왔다.
  The answer *came out* suddenly.
  불현듯 답이 산출되었다.
- go out은 말 그대로 밖으로 나간다는 뜻입니다.
  I *go out* for a walk every day.
  나는 매일 산책하러 나간다.
- get out은 상대방에게 어떤 장소에서 비키라고 할 때 주로 사용합니다.
  Get out of there! 거기서 비켜!

21st Day Test

1 우리말과 같은 뜻이 되도록 빈 칸에 들어갈 알맞은 말을 쓰시오.

1. 나는 조금도 잠을 잘 수 없었다.
   I couldn't sleep at ____________ .
2. 당신이 실수를 저지른 것 같다.
   It appears that you have ____________ a mistake.
3. 그는 그 구역을 돌아갔다.
   He went ____________ the block.
4. 비가 멎자 해가 떴다.
   The rain stopped and the sun came ____________ .

2 빈 칸에 들어갈 알맞은 말을 〈보기〉에서 찾아 그 기호를 쓰시오.

〈보기〉	A. am supposed to	B. by turns	C. go around
	D. by himself	E. all at once	F. in this way

1. I feel sleepy ____________ .
   갑자기 졸음이 왔다.
2. He lives ____________ .
   그는 혼자서 살고 있다.
3. I ____________ meet him at six.
   나는 6시에 그를 만나기로 되어 있다.
4. The movie is funny and frightening ____________ . **frighten** 무섭게하다
   그 영화는 번갈아 가며 웃기다가 무서웠다가 한다.

3 우리말은 영어로, 영어는 우리말로 옮기시오.

1. 나는 지금 쉬고 있다.
2. I will not tolerate your behaving in this way. **tolerate** 참다

해답 1 1. all 2. made 3. around 4. out 2 1. E 2. D 3. A 4. B 3 1. I'm at rest now. 2. 네가 이런 식으로 행동하는 것은 참지 않겠어.

22nd Day

in turn 번갈아; 차례차례

They rowed the boat *in turn*.
그들은 차례로 배를 저었다.
The boys called out their names *in turn*.
그 소년들은 자신들 이름을 차례대로 외쳤다.

along with ~와 함께

May I come *along with* you to the movies?
영화 보러 같이 가도 괜찮습니까?

at once 즉시(=immediately)(같이;at the same time)

I want you to send this telegraph *at once*.
저는 당신이 즉시 이 전보를 보내주기를 원합니다.

- **at once A and B** : A이기도 하고 B이기도 한
  ex) Her smile *at once* mischievous *and* childlike.
  장난스럽기도 하고 천진스럽기도 한 그녀의 미소.

in class 수업 중인

He was sent out of the room for causing a disturbance *in class*.
그는 수업 중에 소동을 일으켜서 교실 밖으로 쫓겨났다.
disturbance 소란, 훼방, 방해

go away 가 버리다; (여행 등으로) 집을 비우다; 도망하다

Just *go away* and leave me alone.
나 혼자 있도록 가 버려.
We're *going away* for a few days.
우리는 며칠 집을 비울 것이다.

come out of ~에서 나오다, 벗어나다

You can *come out of* your hiding place.
네가 숨어 있는 곳에서 나와도 돼.
When you *come out of* the bathroom, make sure the water is turned off.
화장실에서 나올 때에는 수돗물을 잠갔는지 꼭 확인해 보세요.

come to rest 멈추다

The bus *came to rest* at the bus stop.
버스가 정류장에서 멈추었다.

catch one's eye(s) ~의 주의[시선]을 끌다

Can you *catch his eye?*
그의 시선 좀 끌어 볼래?

make A of B B로 A를 만들다

We *make* desks *of* wood.
우리는 목재로 책상을 만든다.
We'll *make* a tennis player *of* you.
우리가 너를 테니스 선수로 만들어 주겠어.
• **I could make nothing of it.** 도대체 알 수가 없었어요.

be sure to 반드시[꼭] ~하다

Be sure to turn off the light before you leave.
가기 전에 꼭 불을 끄세요.
I'll *be sure to* come.
나는 반드시 오겠다.

숙어 SPECIAL make A of B와 make A from B의 차이점

make A of B와 비슷한 용례로 make A from B라는 것이 있는데, 둘 다 모두 'B를 원료로 하여 A를 만들다' 란 뜻입니다.

문법적으로는 make A of B는 물리적인 변화이고, make A from B는 화학적 변화를 말할 때 씁니다.
The house is *made of* wood.
집은 나무로 만든다.(나무에 물리적인 변화를 가해 집을 만듦 → 나무의 속성은 살아 있음)
Wine is *made from* grapes.
포도주는 포도로 만든다.(포도가 화학적으로 완전히 변함)

22nd Day Test

1 우리말과 같은 뜻이 되도록 빈 칸에 들어갈 알맞은 말을 쓰시오.

1. 너를 훌륭한 투수로 만들어 주겠다.
   I will make a good pitcher ____________ you.
2. 미인은 남의 눈을 끈다.
   Beauty catches the ____________ .
3. 자동차가 들판에서 멈추었다.
   The car came to ____________ in a field.
4. 그가 가 버리면, 나는 슬퍼질 것이다.
   When he goes ____________ , I will be sad.

2 빈 칸에 들어갈 알맞은 말을 〈보기〉에서 찾아 그 기호를 쓰시오.

〈보기〉			
	A. at once	B. in class	C. catch eye
	D. come out of	E. along with	F. in turn

1. The boys are now ____________ .
   소년들은 지금 수업 중이다.
2. I must start ____________ .
   나는 바로 출발해야 한다.
3. I saw him ____________ the room.
   나는 그가 방에서 나오는 것을 보았다.
4. I sent the book ____________ the other things.
   나는 다른 것과 함께 그 책을 보냈다.

3 우리말은 영어로, 영어는 우리말로 옮기시오.

1. 순서대로 얘기합시다.
2. Be sure to call her early in the morning.

해답

1 1. of 2. eye(s) 3. rest 4. away 2 1. B 2. A 3. D 4. E 3 1. Let's speak in turn. 2. 아침 일찍 꼭 그녀에게 전화하십시오.

23rd Day

in business 사업에 종사하는

He started up *in business*. **start up** 개시하다, 시동을 걸다
그는 사업을 시작하였다.
He made good *in business*.
그는 장사를 잘 했어요.
• **What business are you in?** 직업이 무엇입니까?

up and down 위아래로, 올라갔다 내려갔다

They are jumping *up and down*.
그들은 위아래로 뛰고 있다.
Monkeys climbed *up and down* the tree.
원숭이들이 그 나무를 오르락내리락 했다.

go back 돌아가다; 거슬러 오르다

Can I *go back* to what you said at the beginning of the meeting?
당신이 모임 시작 때 말한 내용으로 돌아가 볼까요?
• **Have you ever seen me *go back on my word*?**
제가 언제 빈 말(되돌려 취소할 말) 하는 것 보셨어요?

make a plan 계획을 세우다

I will *make a* good vacation *plan*.
방학 계획을 잘 세워야겠다.
I have *made a plan* to take a trip to Europe in September.
나는 9월에 유럽 여행을 하기로 계획을 세워 놓았다.

come over (이리로) 다가오다; (~의 집에) 들르다; ~에게 일어나다

Why don't you *come over* to Seoul for your holiday?
휴가 때 서울에 오시지 그러세요?
I can't imagine what has *come over* her.
나는 그녀에게 무슨 일이 일어났는지 상상할 수도 없다.

keep an eye on ~에 눈을 떼지 않고 있다; ~을 감시하다

Please *keep an eye on* the baby for me.
한눈팔지 말고 아기를 돌봐 주세요.
Could you *keep an eye on* my suitcase for a moment?
잠깐 제 가방 좀 봐주시겠어요?

once (and) for all 이번만; 단연코, 단호히

I'm warning you *once and for all*.
마지막으로 네게 경고하는 거야.
Once and for all, I won't go!
단호히 말하건대 나는 안 갈 거야!

and then 그런 다음, 그러고 나서

First came Min-gi *and then* Yu-mi.
먼저 민기가 오고, 그런 다음 유미가 왔다.
My dad went to his office, *and then* my brother and I went to school.
아빠가 출근하시고 나서 동생과 내가 학교에 갔다.

- **now and then** 때때로, 이따금
  ex) I work out *now and then*.
  나는 때때로 운동을 한다.

for sure 확실히, 틀림없이

I want to know your opinion *for sure*.
너의 의견을 확실히 알고 싶다.
I think he lives there but I couldn't say *for sure*.
내 생각에 그가 거기 사는 것 같지만 확신은 못하겠어.

as a result 결국

As a result I couldn't meet him.
결국 나는 그를 만나지 못했다.

숙어 SPECIAL 혼동하기 쉬운 for sure와 make sure

sure는 '틀림없는', '확실한'의 뜻으로, sure를 이용한 대표적인 숙어에는 for sure와 make sure가 있는데, 서로 의미가 비슷한 것처럼 보입니다. 그러나 차이가 있지요.

- **for sure**는 '틀림없이, 확실히(surely, for certain)'의 의미를 나타냅니다.

I will go there *for sure*. 나는 꼭 갈 것이다.
This I know *for sure* is true. 이것만은 진실이에요

- **make sure**는 '확인하다, 다짐하다'의 뜻을 갖고 있습니다.

I *made sure* of her arrival. 그녀의 도착을 확인했다.

23rd Day Test

1 우리말과 같은 뜻이 되도록 빈 칸에 들어갈 알맞은 말을 쓰시오.

1. 그는 사업에 실패했다.
   He was a failure ____________ business.
2. 그는 플랫폼을 왔다갔다 하고 있다.
   He walks up and ____________ the platform.
3. 물론 언젠가 우리는 돌아가고 싶다.
   Of course we want to go ____________ some day.
4. 우리들은 그를 도와줄 계획을 세웠다.
   We ____________ a plan to help him.

2 빈 칸에 들어갈 알맞은 말을 〈보기〉에서 찾아 그 기호를 쓰시오.

〈보기〉			
	A. for sure	B. go back	C. once and for all
	D. as a result	E. come over	F. and then

1. ____________ , I couldn't see her.
   결국 나는 그 여자를 못 봤다.
2. Let's get this right ____________ .
   이번만큼은 꼭 이것을 바로잡읍시다.
3. She came home, ____________ went out.
   그녀는 집에 오자마자 바로 또 외출했다.
4. It won't be easy, that's ____________ .
   그게 쉽지는 않을 거예요. 그건 분명합니다.

3 우리말은 영어로, 영어는 우리말로 옮기시오.

1. Could you please keep an eye on my baby?
2. 우리 집에 오세요.

해답

1 1. in 2. down 3. back 4. made 2 1. D 2. C 3. F 4. A 3 1. 우리 아이 좀 잠깐 봐주시겠어요? 2. Come over to my house.

24th Day

upside down 거꾸로

Why is he reading his newspaper *upside down*?
왜 그가 신문을 거꾸로 읽는 겁니까?

(every) once in a while 때때로

They go fishing *every once in a while*.
그들은 때때로 낚시하러 간다.

- **once in a while과 비슷한 말들** : sometimes, at times, now and then, from time to time, on occasion 등

to the eye 겉보기로는, 표면상으로는

It is pleasant *to the eye*.
그것은 겉으로 보기에는 좋다.
The painting is very pleasing *to the eye*.
그 그림은 보기에 매우 즐겁다.

in that ~이라는 점에서

Men differ from computers *in that* they forget.
사람은 잊어버린다는 점에서 컴퓨터와 다르다.

make sure 확인하다

Make sure you have enough gas before a long trip.
장거리 여행 전에 충분한 휘발유를 넣었는지 확인하시오.
The guest should *make sure* that his visit will be convenient.
손님은 자신의 방문이 괜찮은지를 확인해야 한다.

come to ~에 오다, ~이 되다; 의식을 회복하다, 제정신이 들다

Our tour has *come to* a close.
우리의 여행도 끝이 났다.
He has *come to* herself.
그는 제정신으로 돌아왔다.

by return (of post) 받는 즉시 (우편으로)

I wrote to him *by return* mail.
나는 그에게 회답 편지를 썼다.

- **by return mail** 받는 즉시로, 지급 답신으로

make a speech 연설을 하다

He *made a speech* at the meeting.
그는 그 모임에서 연설을 했다.

one after another 차례차례, 잇따라서

We left the classroom *one after another*.
우리는 차례차례 그 교실을 떠났다.
He read *one* letter *after another* carefully.
그는 한 자씩 차례로 주의 깊게 읽었다.

go by (시간, 세월 등이) 지나가다; ~에 따르다

Time *goes by* like an arrow.
《속담》세월은 유수 같다.
That's a good rule to *go by*.
그것은 따르면 좋을 규칙이다.

숙어 SPECIAL once in a while이 '가끔'의 뜻이 된 이유

once in a while이란 숙어는 아무리 살펴봐도 그 뜻을 헤아리기가 어려워 외우기도 쉽지 않습니다. 이럴 때는 단어들이 어떻게 결합되었는지 파악해 보면 그 의미가 쉽게 와 닿지요.

여기에서 in a while은 '한참 동안'이라는 뜻이고, once는 '한 번'이라는 뜻이기 때문에 once in a while이 '한참 동안에 한 번'이라는 의미가 되어 '가끔'이라고 유추해 볼 수 있습니다.

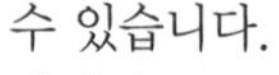

따라서 once in a while이 '때때로, 가끔'의 뜻으로 쓰이게 된 것입니다.

I can't help meeting my girl friend *once in a while*.
나는 여자 친구를 가끔 만나 볼 수밖에 없다.
Those kinds of things happen every *once in a while*.
그런 일은 종종 일어나지요.

24th Day Test

1 우리말과 같은 뜻이 되도록 빈 칸에 들어갈 알맞은 말을 쓰시오.

1. 그림이 거꾸로 걸려 있다.
   The picture is hung ____________ down.
2. 나는 이따금 일기를 쓸 뿐이다.
   I only keep a diary ____________ in a while.
3. 시간 참 빨리 가네요.
   Time goes ____________ so quickly.
4. 그녀는 짧은 연설을 했다.
   She ____________ a short speech.

2 빈 칸에 들어갈 알맞은 말을 〈보기〉에서 찾아 그 기호를 쓰시오.

〈보기〉	A. to the eye	B. one after another	C. upside down
	D. in that	E. by return	F. come to

1. They got on the train ____________ .
   그들은 차례차례 기차로 올랐다.
2. I'm lucky ____________ I have three brothers.
   나에게 세 명의 형제가 있다는 점에서 행복하다.
3. Pastel colors are restful ____________ . **restful** 편안한, 평온한
   파스텔 색상은 눈에 편안하다.
4. Please reply ____________ post.
   받는 즉시 답장 주세요.

3 우리말은 영어로, 영어는 우리말로 옮기시오.

1. 확인 좀 해 주세요.
2. All good things must come to an end.

해답 1 1. upside 2. once 3. by 4. made 2 1. B 2. D 3. A 4. E 3 1. Please make sure. 2. 좋은 일도 다 끝이 있게 마련이다.

25th Day

come up　오르다; 다가오다; (일이) 생기다

We watched the sun *come up*.
우리는 해가 솟아오르는 것을 지켜보았다.
I'll let you know if anything comes up.
무슨 일이 생기면 네게 알려 주마.

- **come up with** 생각해 내다; ~을 따라잡다; 제안하다
  ex) You need to *come up with* a new idea.
  너는 새로운 아이디어를 생각해 내는 것이 필요하다.

make for　~을 향하여 나아가다; ~에 도움이 되다

We *made for* home together.
우리는 함께 집으로 향했다.
The large print *makes for* easier reading.
큰 활자체는 글 읽기를 더 쉽게 도와준다.

instead of　~ 대신에

Instead of playing soccer, I went swimming.
축구 하는 대신에 나는 수영하러 갔다.

make use of　이용하다

You have to *make use of* this chance.
너는 이 기회를 이용해야 한다.
Mankind should *make* peaceful *use of* atomic energy.　**atomic energy** 원자력
인류는 원자력을 평화적으로 이용해야 한다.

go down　내려가다; 가라앉다; 잔잔해지다; (컴퓨터가) 멎다

The sun *went down* behind the mountain.
해가 산 너머로 졌다.
The system is *going down* in 10 minutes.
시스템이 10분 있으면 정지될 것입니다.

to be sure　확실히, 물론

Su-mi sings well, *to be sure*.
분명히 수미는 노래를 잘한다.

in return (~의) 회답으로, 답례로

I'd like to give him a present *in return* for his kindness.
그의 친절에 대한 답례로 선물을 하고 싶다.

once upon a time 옛날 옛적에, 먼 옛날에

Once upon a time there were three pretty girls.
먼 옛날에 귀여운 세 소녀가 살았다.
• **once upon a time**은 이야기의 시작 부분에 잘 쓴다.

face to face 얼굴을 맞대고

The two came *face to face* in a TV interview.
그 두 사람은 TV 인터뷰에서 대면하게 되었다.

one another (둘 이상일 때) 서로서로

They shook hands with *one another*.
그들은 서로 악수를 했다.
The three brothers helped *one another*.
그 삼형제는 서로 도왔다.
• **each other** 서로 (두 사람일 때만 씀)
ex) The two boys always help *each other*.
두 소년은 항상 서로 돕는다.

숙어 SPECIAL instead와 instead of의 차이점

instead는 '~ 대신에' 라는 의미의 부사입니다. instead of는 '~의 대신에' 라는 의미로 그 뒤에 반드시 명사(대명사)나 동명사를 취해 'instead of+명사(대명사), 동명사' 로 씁니다.

• **instead**
Shall we include him *instead*?
그를 대신 포함시킬까요?

• **instead of+명사(대명사), 동명사**
I use the stairs *instead of* the elevator whenever I can.
할 수 있을 때마다 나는 엘리베이터 대신 계단을 이용한다.

25th Day Test

1 우리말과 같은 뜻이 되도록 빈 칸에 들어갈 알맞은 말을 쓰시오.

1. 계단으로 올라왔어요?
   Did you come ____________ the stairs?
2. 그들은 시내 중심부를 향해 갔다.
   They made ____________ the center of town.
3. 당신이 그 대신에 거기에 가야 한다.
   You must go there ____________ of him.
4. 그는 그의 재능을 이용하지 못한다.
   He didn't make ____________ of his talent.

2 빈 칸에 들어갈 알맞은 말을 〈보기〉에서 찾아 그 기호를 쓰시오.

〈보기〉			
	A. make for	B. face to face	C. instead of
	D. in return	E. to be sure	F. one another

1. We ____________ school together.
   우리는 함께 학교로 향했다.
2. She is honest, ____________ .
   분명히 그녀는 정직하다.
3. We need to talk ____________ .
   우리는 얼굴을 맞대고 말해야 한다.
4. I made him a present ____________ for his help.
   나는 그의 도움에 대한 보답으로 그에게 선물을 하였다.

3 우리말은 영어로, 영어는 우리말로 옮기시오.

1. Once upon a time there lived a wise old man in the woods.
2. 그들은 서로 도왔다.

해답 1 1. up 2. for 3. instead 4. use 2 1. A 2. E 3. B 4. D 3 1. 옛날에 그 숲속에 한 현명한 노인이 살고 있었다. 2. They helped one another.

26th Day

in the face of ~에도 불구하고; ~에 직면하여

He did it *in the face of* my advice.
그는 나의 충고에도 불구하고 그것을 했다.
She was *in the face of* difficulties.
그녀는 어려움에 직면했다.

make it 제 시간에 가다; 수행하다, 이룩하다

We *made it* to the airport just in time.
우리는 시간 내에 공항에 도착했다.

- **make it a rule to** ~하는 것을 상례로 하다, 늘 ~하곤 하다
  ex) I *make it a rule to* keep early hours.
  나는 일찍 자고 일찍 일어나는 것을 습관으로 삼고 있다.

come up to ~에게 다가오다, ~에 도달하다

An old man *came up to* me.
한 노인이 내게 다가왔다.
Their trip to France didn't *come up to* expectations.
그들의 프랑스 여행은 기대에 미치지 못했다.

be surrounded by ~에 둘러싸이다

Korea *is surrounded by* the sea on three sides.
한국은 3면이 바다로 둘러싸여 있다.

be interested in ~에 흥미를 갖다

Are you *interested in* history?
당신은 역사에 관심이 있습니까?
I *am* very *interested in* movies.
나는 영화에 관심이 매우 많다.

go into ~에 들어가다; ~을 지세히 살피다

It won't *go into* this box.
그것은 이 상자에는 들어가지 않는다.
We need to *go into* the question of costs.
우리는 경비 문제를 검토해 볼 필요가 있다.

one by one 하나[한 사람]씩

He dropped the stones *one by one* into the box.
그는 상자 속에 돌멩이를 하나씩 떨어뜨렸다.

be rich in ~이 풍부하다

Lemons *are rich in* vitamin C.
레몬은 비타민 C가 풍부하다.
Our country *is rich in* history and legend.
우리 나라는 역사가 깊고 전설이 많다.

be anxious to ~하기를 갈망하다(=be eager to~)

She *was anxious to* see it.
그녀는 그것을 몹시 보고 싶어 했다.

- **be anxious about** ~에 대해 근심하다
  ex) She *is anxious about* his safety.
  그녀는 그의 안전을 걱정하고 있다.

use ~ to+동사원형 …하기 위하여 ~를 이용하다

We *use* a knife *to cut* bread.
우리는 빵을 자르는 데 칼을 쓴다.
You can *use* flour *to thicken* sauces.
소스를 걸쭉하게 하려면 밀가루를 쓰면 된다.

숙어 SPECIAL 형식이 다른 anxious to와 anxious for

anxious to와 anxious for는 모두 '열망하여, 몹시 ~하고 싶어하는'의 의미이지만 뒤에 이어지는 품사에 따라 그 형태가 달라집니다.
anxious 다음에 동사를 쓸 때는 to를 써서 'anxious to+동사원형'이라고 하고, 명사를 쓸 때는 for를 써서 'anxious for+명사'라고 합니다.

- **anxious to+동사원형**

He is *anxious to know* the result.
그는 몹시 결과를 알고 싶어한다.

- **anxious for+명사(동명사)**

He is *anxious for wealth*. 그는 부를 갈망하고 있다.

- **anxious that+주어+동사**

We were all *anxious that you should return*.
우리 모두가 당신이 돌아오기를 간절히 바라고 있었습니다.

26th Day Test

1 우리말과 같은 뜻이 되도록 빈 칸에 들어갈 알맞은 말을 쓰시오.

1. 진수는 많은 곤경에도 불구하고 성공했다.
   Jin-su succeeded in the ___________ of difficulties.
2. 둘이서 노력한다면 우린 해낼 수 있어요.
   We can ___________ it if we try.
3. 아버지께서 나에게 다가오셨다.
   My father ___________ to me.
4. 그 집은 나무들로 둘러싸여 있다.
   The house is ___________ by trees.

2 빈 칸에 들어갈 알맞은 말을 〈보기〉에서 찾아 그 기호를 쓰시오.

〈보기〉	A. one by one	B. make it	C. came up to
	D. go into	E. in the face of	F. rich in

1. I knew who you were when you ___________ me.
   당신이 제게 접근했을 때 저는 당신이 누군지 알고 있었죠.
2. It was brave of her to ___________ the burning building.
   그녀가 불타는 건물 안으로 들어간 것은 용감한 일이었다.
3. ___________, people entered the room.
   사람들이 한 사람씩 방에 들어갔다.
4. The province is relatively ___________ mineral resources.
   그 지방은 광물 자원이 비교적 풍부하다. **mineral resources** 광물 자원

3 우리말은 영어로, 영어는 우리말로 옮기시오.

1. 나는 그 이야기에 흥미가 없다.
2. He was anxious to leave as soon as possible.

해답

1 1. face 2. make 3. came up 4. surrounded 2 1. C 2. D 3. A 4. F 3 1. I'm not interested in that story. 2. 그는 되도록이면 빨리 떠나고 싶어했다.

27th Day

go on 속하다; 나아가다; (시간이) 지나다; 일어나다

How is your work *going on*?
네 일은 어떻게 진행되고 있느냐?
As time *went on*, she got more and more nervous.
시간이 흐르면서 그 여자는 점점 더 불안해졌다.
Can anyone tell me what's *going on* there?
거기에서 무슨 일이 일어나고 있는지 누가 얘기 좀 해 줄래?

- **go on+~ing** 계속 ~하다
  ex) She *went on singing* late into the night.
  그 여자는 밤늦도록 계속 노래를 불렀다.

go off 떠나다, (총 등이) 발사되다, 폭발하다

He's *gone off* to the dentist's.
그는 치과에 가느라 자리를 떴다.
A bomb has *gone off* in the city center.
시내 한복판에서 폭탄이 터졌다.

excuse oneself 변명하다

He *excused himself* for being late.
그는 늦은 데 대해 변명했다.

by itself 홀로, 그것만으로; 자동적으로

The bronze statue stands *by itself* in the square. **bronze statue** 동상
그 동상은 광장에 홀로 서 있다.
The machine will start *by itself* in a few seconds.
그 기계는 몇 초 후에 자동적으로 시동이 걸릴 것이다.

anything but ~을 빼면 무엇이든지; 조금도 ~ 않다; 결코 아니다

I will give you *anything but* this book.
이 책 말고는 무엇이든 주겠다.
This room is *anything but* warm.
이 방은 조금도 따뜻하지 않다.
The problem is *anything but* easy.
그 문제는 결코 쉬운 일이 아니다.

use up 다 써 버리다; 소모시키다

They have *used up* all their supplies.
그들은 양식을 다 먹었다.

in fact　사실, 사실은

In fact, he did not come.
사실 그는 오지 않았다.

• **in truth** 참으로, 실제로, 사실대로 이야기하면
ex) It was *in truth* a miracle.
그것은 진정 기적이었다.

one ~ the other …　한 쪽은 ~ 다른 한 쪽은 …

One is blue, and the *other is* red.
하나는 파랗고 다른 하나는 빨갛다.

take after　(친족)을 닮다(=resemble)

She *takes after* her mother rather than her father.
그 여자는 아버지보다는 어머니를 닮았다.

ride on　~을 타다

She *rode on* her bicycle.
그 여자는 자전거를 탔다.

숙어 SPECIAL　one ~ the other… 와 혼동되는 숙어들

one ~ the other…, one ~ another…, one ~ the others… 등은 서로 비슷하여 그 의미가 혼동될 경우가 많으므로, 이를 잘 구분해서 기억해야 합니다.

• **one ~ the other**… : 개수가 2개이므로 '하나는 ~하고, 그 나머지 하나는 …하다' 라는 뜻
I have two brothers. *One* lives here and *the other* abroad.
나에게는 형제가 둘 있다. 한 명은 이곳에 살고, 또 한 명은 외국에 산다

• **one ~ another**… : 전부 개수가 몇 개인지 모르는 상황에서 '하나는 ~하고, 다른 것은 …하다.' 라는 뜻
There are four fruit in the basket. *One* is an apple, *another* is a banana.
바구니에 과일이 4개 있다. 하나는 사과이고, 바나나도 하나 있다.

• **one ~ the others**… : 개수가 3개 이상일 때이므로 '하나는 ~하고 그 나머지 것들은 …하다' 의 뜻
There are many apples here. One is red, *the others* are green.
여기 사과가 많이 있다. 한 개는 빨간 사과이고, 나머지는 전부 초록 사과이다.

27th Day Test

1 우리말과 같은 뜻이 되도록 빈 칸에 들어갈 알맞은 말을 쓰시오.

1. 그는 그의 행위에 대해 변명하였다.
   He ____________ himself for his conduct.
2. 그는 낙타를 탔다.
   He took a ____________ a camel.
3. 그는 비축한 돈을 다 썼다.
   He has used ____________ his reserve of money.
4. 그 폭탄이 터져서 열두 사람이 사망했습니다.
   The bomb went ____________ and killed twelve people.

2 빈 칸에 들어갈 알맞은 말을 〈보기〉에서 찾아 그 기호를 쓰시오.

〈보기〉	A. go on	B. anything but	C. use up
	D. by itself	E. take after	F. in fact

1. The robot moves ____________ .
   그 로봇은 저절로 움직인다.
2. These data are ____________ accurate.
   이 데이터들은 결코 정확하지 않다.
3. Please ____________ with your story.
   얘기 계속해 주세요.
4. Your daughter doesn't ____________ you at all.
   당신 딸은 당신을 조금도 안 닮았어요.

3 우리말은 영어로, 영어는 우리말로 옮기시오.

1. She has two stores. One is a bookstore, and the other is a convenient store.
2. 사실은 난 운전을 못 해.

해답

1 1. excused 2. ride 3. up 4. off 2 1. D 2. B 3. A 4. E 3 1. 그 여자에게는 가게가 둘 있다. 하나는 책방이고, 다른 하나는 편의점이다. 2. In fact, I can't drive.

28th Day

compare A to B　A를 B에 비유하다, A를 B와 비교하다

Some people have *compared* books *to* friends.
책을 친구로 비유하는 사람도 있다.

- compare A with B는 'A를 B와 비교하다'의 뜻으로만 쓰이고, 'A를 B에 비유하다'의 뜻으로는 쓰이지 않는다.
  ex) *Compare* this *with* that, and then you will find out which is better.
  이것을 저것과 비교해 보면 어떤 것이 더 좋은지 알게 될 것이다.

without fail　틀림없이, 꼭; 빠짐없이

I'll be there at two o'clock *without fail*.
난 틀림없이 두 시에 거기에 가겠다.
He calls me every morning *without fail*.
그는 빠지지 않고 매일 아침 나에게 전화한다.

jump into　~로 뛰어들다

The boy dared to *jump into* the water.
소년은 용감히 물 속에 뛰어들었다.

of itself　저절로, 자연히

The door opened *of itself*.
문이 저절로 열렸다.

take a look at　~을 힐끗 바라보다

My teacher *took a look a*t her and went out.
선생님은 그녀를 힐끗 바라보고 밖으로 나가셨다.

- **glance at** 힐끗[얼핏] 보다; 대강 훑어보다

appeal to　~의 마음에 들다; ~에게 간청하다

Do these paintings *appeal to* you?
이 그림들이 당신 마음에 드나요?　**crowd** 군중
He *appealed to* the crowd.
그는 군중에게 호소했다.

come true 실현되다

My dream *came true*.
나의 꿈이 실현되었다.
Everything he predicted has *come true*. **predict** 예언하다
그가 예언했던 모든 것이 실현되었다.

in itself 본래, 그 자체로는

The problem is not important *in itself*.
그 문제는 그 자체로는 중요하지 않다.

be of use 쓸모가 있다, 유용하다

This knife *is of use* for this work.
이 칼은 이 일에 유용하다.

all right (대답으로) 좋아; 그럴게

"Will you post this for me?" "Yes, *all right*."
"이 편지 좀 부쳐 주겠니?" "응, 그럴게."

숙어 SPECIAL 구분이 힘든 compare to와 compare with

compare to와 compare with는 구어일 때와 문어일 때 그 뜻이 각각 다릅니다. 우선, 구어적인 표현으로 쓰일 때에는 거의 차이가 없습니다. 예전에는 미국식 표현과 영국식 표현으로서의 차이가 조금 있었지만 현재는 사실상 차이가 없지요. 다만, 문어로 표현될 때는 다소 차이가 있습니다.
compare with는 각각의 대상을 서로 비교하여 우열을 가리거나 차이를 나타낼 때 씁니다.

I think nothing is to be *compared with* her beauty.
내가 생각할 때 그녀의 아름다움과 견주어볼 만한 것은 아무것도 없어.
compare to의 경우는 어떠한 대상을 다른 대상으로 비유할 때 씁니다.
Life is *compared to* a voyage.
인생은 항해에 비유된다.

⁚28th Day Test

1 우리말과 같은 뜻이 되도록 빈 칸에 들어갈 알맞은 말을 쓰시오.

1. 새가 미진이의 신발로 뛰어 들어갔다.
   The bird ____________ into Mi-jin's shoe.
2. 그는 반드시 약속을 지키는 사람이다.
   He is a man who keeps his promise without ____________ .
3. 그 나무는 저절로 넘어졌다.
   The tree fell ____________ itself.
4. 때때로 골프 게임은 인생에 비유된다.
   A game of golf is sometimes compared ____________ a human life.

2 빈 칸에 들어갈 알맞은 말을 〈보기〉에서 찾아 그 기호를 쓰시오.

〈보기〉	A. in itself	B. take a look at	C. jump into
	D. all right	E. appeal to	F. of no use

1. ____________ this letter.
   이 편지를 한번 보세요.
2. ____________ , I'll meet him.
   좋아요, 제가 그를 만나겠습니다.
3. His book doesn't ____________ me.
   그의 책은 내 마음에 들지 않아요.
4. Learning is an end ____________ .
   배우는 것 그 자체가 목적이다.

3 우리말은 영어로, 영어는 우리말로 옮기시오.

1. 그것은 쓸모가 없다.
2. What I have long hoped has at last come true.

해답 1 1. jumped 2. fail 3. of 4. to 2 1. B 2. D 3. E 4. A 3 1. It is of no use. 2. 내가 오랫동안 바랐던 것이 마침내 실현되었다.

29th Day

fall asleep 잠들다, 곯아떨어지다

The baby will *fall asleep* soon.
그 갓난아기는 곧 잠들 것이다.

make one's way 앞으로 나아가다(=go forward); 출세하다

He *made his way* through the dark forest.
그는 어두운 숲을 지나서 앞으로 나아갔다.
She's finding it hard to *make her way* in a business.
그녀는 직장에서 출세하기가 힘들다는 것을 느끼고 있다.

go out 나서다, 외출하다; 꺼지다

I saw her *go out*.
그녀가 외출하는 것을 보았다.
All the lights in the room *went out*.
방 안의 전등이 모두 꺼졌다.

used to+동사원형 ~하곤 했다, 이전에는 ~했다

He *used to be* a brave soldier.
그는 이전에는 용감한 군인이었다.(지금은 아님)
I *used to see* her often.
나는 이전에는 그녀를 자주 만났다.

- 'used to+동사원형'은 현재와 대비된 과거의 습관이나 상태를 나타내며, 그 습관이나 상태가 지금은 존재하지 않음을 나타낸다.

make plans for ~을 위한 계획을 세우다(=plan for)

He's already *making plans for* his retirement. **retirement** 은퇴
그는 벌써 은퇴에 대한 계획을 세우고 있다.

take a picture 사진을 찍다

He's *taking a picture* of the children.
그는 아이들 사진을 찍고 있다.
I *took some pictures* of the flowers.
나는 꽃 사진을 몇 장 찍었다.

right away 곧, 당장(=right off)

I want it typed *right away*, please.
이것을 즉시 타이핑해 주십시오.

appear on ~에 나타나다; (TV 등에) 출연하다

A ship *appeared on* the sea.
바다에 배가 한 척 나타났다.
He *appeared on* television last night.
그는 어젯밤 텔레비전에 출연하였다.

consist in ~에 있다, ~에 놓여 있다(=lie in)

The highest good *consists in* humility. **humility** 겸양
최고의 선은 겸양에 있다.

- **consist with A;** A와 일치[조화]하다, 양립하다
  ※ 흔히 be consistent with의 형태로 쓰임.

for oneself 혼자 힘으로, 혼자서, 자신을 위하여

You have to learn English *for yourself*.
너는 자신의 힘으로 영어를 배워야 한다.
If you don't believe me, go and see *for yourself*.
안 믿어지면 직접 가서 보세요.

숙어 SPECIAL for oneself와 by oneself의 구별

for oneself와 by oneself는 서로 뜻이 비슷하여 구분이 애매한 경우가 많아 곤란을 겪곤 합니다.
by oneself는 '혼자서(alone)' 의 의미를 가지고 있는데, 혼자서 뭔가를 한다는 것을 의미합니다.
She lives *by herself*.(=She lives alone.) 그녀는 혼자서 산다.
for oneself는 '남의 도움 없이(without other' s help)' 의 의미가 강합니다. 다른 사람의 도움이 없이 뭔가를 한다는 것입니다.
She did it *for herself*.(= She did it without other' s help.)
그녀는 다른 사람의 도움 없이 혼자의 힘으로 그것을 했다.
사실 어떤 문장에서는 두 가지가 혼동되어 사용되기도 하지만 불분명한 경우 alone이나 without other's help로 대체해서 생각해 보면 구분하기 쉽습니다.

29th Day Test

1 우리말과 같은 뜻이 되도록 빈 칸에 들어갈 알맞은 말을 쓰시오.

1. 건강이 예전 같지 않다.
   I am not as healthy as I ____________ to be.
2. 그의 일은 상담역처럼 외국인 회사에 조언을 해 주는 데 있다.
   His work as a consultant ____________ in advising foreign companies.
3. 내가 좋아하는 가수가 텔레비전에 나왔다.
   My favorite singer ____________ on TV.
4. 우리는 방학을 보낼 계획을 세웠다.
   We made plans ____________ our vacation.

2 빈 칸에 들어갈 알맞은 말을 〈보기〉에서 찾아 그 기호를 쓰시오.

〈보기〉			
	A. fall asleep	B. apppear on	C. for herself
	D. take a picture	E. go out	F. right away

1. I'll call 119 ____________ .
   119에 즉시 전화하겠다.
2. I was afraid he would ____________ .
   나는 그가 잠들까 봐 조바심이 났다.
3. She makes a living ____________ .
   그 여자는 혼자 힘으로 생계를 유지한다.
4. Let's ____________ here.
   여기에서 사진을 찍자.

3 우리말은 영어로, 영어는 우리말로 옮기시오.

1. 그는 사업이 번창했다.
2. I went out to sketch with my friends on Sunday.

해답

1 1. used 2. consisted 3. appeared 4. for 2 1. F 2. A 3. C 4. D 3 1. He made his way in business. 2. 나는 일요일에 친구들과 스케치를 하러 밖으로 나갔다.

30th Day

take a rest 휴식을 취하다

We stopped to *take a rest* under the big tree.
우리는 그 큰 나무 밑에서 잠시 쉬기 위하여 걸음을 멈추었다.

apply for ~에 지원하다

As soon as I graduate from school, I plan to *apply for* a job.
학교를 졸업하자마자 직장에 지원할 계획이다.

- **apply to A for B** A에 B를 신청하다, 요청하다
  ex) He *applied to* the bank *for* a loan.
  그는 은행에 융자를 신청했다.

right now 바로 지금; 곧, 당장

Let's set off *right now*. **set off** 출발하다
당장 출발하자.
I'd better start *right now*.
내가 지금 당장 출발하는 게 낫겠어.
You should go to bed *right now*.
너는 지금 당장 잠을 자야 한다.

of oneself 자기 스스로, (도움 없이) 저절로

He seems very sure *of himself*.
그는 너무 자신감에 넘치는 것 같다.
He was ashamed *of himself*.
그는 자기 자신이 부끄러웠다.

come up with ; (답 · 의견 • 생각 등)이 떠오르다

Did you *come up with* any ideas?
무슨 생각이 떠올랐습니까?
How did you *come up with* such a good idea?
어떻게 그렇게 좋은 생각이 떠 올랐니?

fall behind 낙오하다, (지급 · 일 등이) 늦어지다, (계획 등이) 실패하다

He soon *fell behind* the leaders.
그는 곧 선두자들에게 뒤졌다.
I've *fallen behind* with my work again.
난 다시 일이 밀렸다.

consist of ~으로 구성되어 있다(=be composed of)

A baseball team *consists of* nine players.
야구 한 팀은 9명의 선수로 구성된다.

apply oneself to+명사, 동명사 ~에 전념하다, ~에 몰두하다

You must *apply yourself to* learning English.
너는 영어 공부에 전념해야 한다.

make up 만회하다; 화장하다

Please let me *make* it *up* to you.
제게 만회할 기회를 주세요.
She was *make up* as a gueen.
그녀는 여왕으로 분장했었다.

- **make up one's mind** 결심하다, 결정하다
  ex) She has yet to *make up her mind*.
  그녀에게는 아직도 결정을 해야할 일이 있습니다.

be used to+명사, 동명사 ~에 익숙하다(=be accustomed to)

I *am used to doing* without breakfast.
나는 아침 식사를 하지 않고 지내는 것에 익숙하다.

숙어 SPECIAL　take a rest에 a가 붙는 이유

rest는 짧은 시간 동안 쉬는 것으로 분명히 시작과 끝이 있어서 셀 수 있는 명사로 취급합니다. 동사가 그 형태 그대로 바로 명사로 쓰이는 것들에는 대부분 이런 경우가 많습니다.

- **take a rest** : 잠시 쉬다
  Would you like to *take a rest* before dinner?
  저녁 식사 하기 전에 쉬시겠어요?
- **take a walk** : 산책하다, 산보하다
  I *take a walk* in the park every Sunday.
  나는 일요일마다 공원을 산책한다.
- **take a shower** : 샤워하다
  I *take a shower* after exercising every morning.
  나는 매일 아침 운동을 하고 샤워를 한다.

30th Day Test

1 우리말과 같은 뜻이 되도록 빈 칸에 들어갈 알맞은 말을 쓰시오.

1. 당신 오늘은 자신만만한 것 같군요.
   You're very full ____________ yourself today.
2. 이 책은 14장으로 이루어져 있다.
   This book ____________ of 14 chapters.
3. 그는 늦은 시간을 만회하였다.
   He made ____________ for lost time.
4. 나는 버스를 타는 데 익숙하지 않았다.
   I was not ____________ to catching buses.

2 빈 칸에 들어갈 알맞은 말을 〈보기〉에서 찾아 그 기호를 쓰시오.

〈보기〉	A. apply for	B. right now	C. consist of
	D. apply yourself	E. come up with	F. fall behind

1. You must ____________ it first.
   우선 신청부터 하셔야 합니다.
2. I wonder how you ____________ such ideas.
   전 당신이 어떻게 그런 생각을 할 수 있었는지 궁금합니다.
3. You will always ____________ to your studies.
   당신은 항상 학문에 전념하겠지요.
4. Go and see ____________.
   지금 당장 가 보세요.

3 우리말은 영어로, 영어는 우리말로 옮기시오.

1. I read the newspaper every morning in order not to fall behind the times.
2. 잠시 쉬어요.

해답

1 1. of 2. consists 3. up 4. used 2 1. A 2. E 3. D 4. B 3 1. 나는 시대에 뒤떨어지지 않기 위해 매일 아침 신문을 읽는다. 2. Let's take a rest for a while.

31st Day

not very   그다지, 별로

This novel is *not very* interesting.
이 소설은 별로 재미가 없다.
He is *not very* bright at his lessons.
그의 학과 성적은 그다지 좋지 않다.

apply to   ~에 적용되다; ~에 신청하다; 지원하다

This rule *applies to* all cases.
이 규칙은 모든 경우에 적용된다.
She *applied* for admission *to* the club.
그녀는 그 클럽에의 가입을 신청하였다.
❖ **apply for** 신청하다
ex) What's the procedure for *applying for* a credit card?
신용 카드 신청 절차가 어떻게 됩니까?   **procedure** 절차

consist with   양립하다, 일치하다 (=correspond to)

Health does not *consist with* intemperance.   **intemperance** 무절제
건강과 무절제는 양립하지 않는다.

go up   오르다; 올라가다

The price of cigarettes is *going up*.
담배 값이 오르고 있다.
❖ **go up the wall** (걱정으로) 정신이 아찔해지다

jump out of   ~에서 뛰어오르다, 뛰쳐나오다

I *jumped out of* the chair.
나는 의자에서 벌떡 일어났다.

take a trip   여행을 가다

I'm thinking about *taking a trip* to Jeju Island.
제주도로 여행갈까 생각중이에요.
❖ **take a vacation trip** 휴가 여행을 가다

fall down   (높은 곳에서) 아래로 떨어지다; 넘어지다, 쓰러지다

I *fell down* the stair.
나는 그 계단에서 떨어졌다.

round about ~ 무렵; ~의 근처에; 원을 지어

I woke up *round about* six.
나는 6시쯤 잠에서 깼다.
She lives somewhere *round about*.
그녀는 이 부근 어딘가에 산다.
❖ round와 around는 구별 없이 쓰이나 미국에서는 around를 많이 쓴다.

make up one's mind 결심하다(=determine); 결정하다(=decide)

He *made up his mind* to study harder.
그는 더 열심히 공부할 결심을 하였다.
I *make up my mind* easily.
나는 쉽게 결정합니다.

only just 지금 막; 겨우, 간신히

The game *only just* started.
경기가 지금 막 시작됐다.
He *only just* caught the train.
그는 간신히 기차를 탔다.

숙어 SPECIAL go up의 여러 가지 의미

go up은 '올라가다' 라는 기본적인 뜻 외에 rise와 비슷한 뜻도 갖고 있어서 '가격이 오르다' 라는 뜻으로도 쓰입니다.
그런데 go up은 '폭발하다, 날아가다' 라는 뜻을 가지고 있습니다. 숙어는 생각을 잘 하면 이해를 할 수 있지요. 예를 들면, 가격이 위로 가면 가격 상승이 되는 것이고, 건물이나 다리가 폭발물에 의해 터져서 하늘로 솟구쳐 오르는 것도 go up이라고 생각하면 이해가 쉽습니다.
Many people *go up* or down stairs.
많은 사람들이 계단을 오르거나 내려간다.
Prices of raw materials have *gone up* lately. **raw materials** 원료
최근 원료 가격이 인상되었다.
All of a sudden the thirteen-story building *went up* in flames.
갑자기 13층짜리 빌딩이 불길에 휩싸이며 폭발했다.

31st Day Test

1 우리말과 같은 뜻이 되도록 빈 칸에 들어갈 알맞은 말을 쓰시오.

1. 그녀는 그 방을 뛰쳐나왔다.
   She ____________ out of the room.
2. 콜럼버스는 배를 한 척 구하기로 결심했다.
   Columbus ____________ up his mind to get a ship.
3. Health ____________ with temperance. **temperance** 절제
   건강은 절제와 양립한다.
4. Why did you apply ____________ our company?
   왜 우리 회사에 지원했나요?

2 빈 칸에 들어갈 알맞은 말을 〈보기〉에서 찾아 그 기호를 쓰시오.

〈보기〉			
	A. take a trip	B. apply to	C. fall down
	D. not very	E. go up	F. round about

1. His pulse is ____________ regular. **pulse** 맥박
   그의 맥박이 별로 고르지 못하다.
2. I want to ____________ around the world.
   나는 세계 일주 여행을 하고 싶다.
3. Be careful not to ____________.
   넘어지지 않도록 주의하시오.
4. We're leaving ____________ midday. **midday** 정오
   우리는 정오쯤에 떠날 것이다.

3 우리말은 영어로, 영어는 우리말로 옮기시오.

1. We were only just in time for the last train.
2. 그는 층계를 올라갔다.

해답

1. 1. jumped 2. made 3. consists 4. to 2. 1. D 2. A 3. C 4. F 3. 1. 우리들은 간신히 마지막 기차 시간에 맞출 수 있었다. 2. He went up the stairs.

32nd Day

fall off (이탈하여) 떨어지다; 줄다; (질이) 저하되다

Monkeys sometimes *fall off* trees.
《속담》 원숭이도 나무에서 떨어질 때가 있다.
Her popularity has fallen off. **popularity** 인기
그녀의 인기는 떨어졌다.

- **drop in** 잠깐 들르다, (물건을) 속에 넣다, 떨어뜨리다
  ex) He *dropped in* some coins and dialed.
  그는 전화기에 동전을 몇 개 넣고 다이얼을 돌렸다.

wait for ~을 기다리다

We are *waiting for* the rain to stop.
우리는 비가 그치기를 기다리고 있다.
She is *waiting for* a bus now.
그녀는 지금 버스를 기다리고 있다.

a good[great] many 많은 (수의)(=very many)

He has *a good many* friends.
그는 친구가 제법 많다.
I've known her for *a good many* years.
나는 그녀를 아주 여러 해 동안 알고 지내 왔다.

- **a great many** 대단히 많은, 다수의(a good many보다 뜻이 강함), **as many** 같은 수, **how many?** 얼마?, 몇 개?

round and round 돌고 돌아, 빙빙

The little trains went *round and round* the track.
조그마한 기차가 트랙을 돌고 돌았다.
He stood up and walked *round and round* the cave. **cave** 동굴
그는 일어서서 동굴 안을 빙빙 돌며 걸어 다녔다.

go without ~ 없이 지내다

We can't *go without* water even a day.
물 없이는 하루도 살 수 없다.

❖ **do without ~** 없이 지내다, 견디다
ex) I can't *do without* this book.
이 책 없이는 지낼 수가 없다.

open up (명령문에서) 문을 열다; (사업 등을 새로) 시작하다, 개업하다

She never *opens up* her shop on Sunday.
그녀는 일요일에는 절대 가게를 열지 않는다.

jump over 뛰어넘다

The horse *jumped over* the fence.
말이 울타리를 뛰어넘었다.

take a walk 산책을 하다

I make it a rule to *take a walk* every morning.
나는 매일 아침 산책을 한다.

fall on[upon] (휴일, 생일, 축제 등이) ~에 해당되다

My birthday *falls on* Monday this year.
금년에는 내 생일이 월요일이다.

continue (to be)+보어 ~한 채로 있다, ~ 상태를 유지하다

The boy *continued (to be)* silent all day.
그 아이는 하루 종일 입을 다문 채로 있었다.

- continue의 보어로는 명사, 형용사가 온다.

숙어 SPECIAL

a great many의 쓰임새

'꽤 많은' 이란 뜻의 a great many는 수량 형용사의 하나로서, 수를 나타낼 때에만 쓸 수 있습니다.
즉, a great many와 a great number of는 수를 셀 때 사용하고, a great deal of는 양을 잴 때 사용합니다.
수량 형용사에 대하여 정리하면 다음과 같습니다.

- **셀 수 있는 명사 앞에만 쓸 수 있는 것**
  many, a good many, a great many,
  a number of, a few, few, not a few, quite a few
- **셀 수 없는 명사 앞에만 쓸 수 있는 것**
  much, a little, little, not a little, quite a little,
  a good deal of, a great deal of
- **양쪽 모두 쓸 수 있는 것**
  a lot of, lots of, some, any, plenty of

32nd Day Test

1 우리말과 같은 뜻이 되도록 빈 칸에 들어갈 알맞은 말을 쓰시오.

1. 단추가 떨어지려고 해요.
   Your button is falling ___________ .
2. 아이들이 빙글빙글 돌고 있다. **spin** 돌리다, 회전시키다
   Children are spinning ___________ and round.
3. 사자가 막대기를 뛰어넘는다.
   The lion jumps ___________ a stick.
4. 금년에는 크리스마스가 금요일이다.
   Christmas this year ___________ on Friday.

2 빈 칸에 들어갈 알맞은 말을 〈보기〉에서 찾아 그 기호를 쓰시오.

〈보기〉			
	A. wait for	B. a good many	C. fall off
	D. continue to	E. go without	F. jump over

1. Do you think you can ___________ money?
   돈 없이 살 수 있다고 생각하니?
2. Where should I ___________ you?
   어디서 당신을 기다릴까요?
3. The circumstances ___________ be favourable. **circumstances** 상황
   상황이 계속 좋다.
4. ___________ of his books are novels.
   그가 가진 책의 상당수가 소설류이다.

3 우리말은 영어로, 영어는 우리말로 옮기시오.

1. I haven't the least idea of taking a walk this morning.
2. 나야. 문 열어!

해답 1. 1. off 2. round 3. over 4. falls 2. 1. E 2. A 3. D 4. B 3. 1. 오늘 아침에는 산책할 마음이 조금도 없다. 2. It's me. Open up!

33rd Day

just about 대개, 거의; 틀림없이

He should be arriving *just about* now.
그는 거의 지금쯤 도착해야 한다.

be famous for ~로 유명하다

The city *is famous for* its nice beaches.
그 도시는 멋있는 해변으로 유명하다.

- for 다음에는 이유를 나타내는 말이, as 다음에는 자격을 나타내는 말이 온다.

count on[upon] ~에 의지하다(=rely on, depend on), 믿다; 기대하다

Don't *count on* your parents any more!
더 이상 네 부모님께 의지하지 마라!
You can't *count on* the weather being good.
날씨가 좋을 거라고 기대하면 안 된다.

as a result 그 결과, 결과적으로, ~ 때문에

As a result, I listen to music every day.
그 결과, 나는 매일 음악을 듣는다.
As a result of the accident, she was late for school.
그 사고 때문에 그녀는 학교에 늦었다.

in the center of ~의 중앙에

It is *in the center of* a huge stadium.
그것은 거대한 경기장 중앙에 있다.

be good at ~에 능숙하다

She *is* very *good at* drawing.
그녀는 그림 그리기에 매우 능하다.

- He is *good at* English. 그는 영어를 잘한다.
  He is *poor in[at]* English. 그는 영어를 잘 못한다.

keep ~ waiting ~를 기다리게 하다

I'm sorry to have *kept* you *waiting* so long.
그렇게 오래 기다리게 해서 죄송합니다.

take back ~을 되찾다; 반품하다; (말)을 취소하다

Hearing those old songs *takes* me *back* a bit.
저 옛날 노래들을 들으니 옛날 생각이 좀 난다.
If the shirt doesn't fit, *take* it *back*.
셔츠가 안 맞으면 반품하세요.
I *take back* what I said about you being selfish.
내가 너를 이기적이라고 한 말을 취소할게.

- **take back what one said** 말을 취소하다

a great deal of 매우 많은 양의

I regretted having wasted *a great deal of* time.
나는 많은 시간을 허비해 버린 것을 후회했다.

run across 우연히 만나다; 뛰어 건너다, 뛰어 가로지르다

I *ran across* Tom on the street.
나는 거리에서 우연히 톰을 마주쳤다.
Don't *run across* the road!
길을 뛰어건너지 마라!

- **run[come] across one's mind** (어떤 일이) 문득 머리에 떠오르다

숙어 SPECIAL keep 다음에 올 수 있는 것들

1. **keep+명사** : (명사)를 지키다, 유지하다, 보존하다 등
   Can you *keep a secret*? 비밀을 지킬 수 있니?
2. **keep (on) ~ing** : 계속 ~하다
   Jin-su *kept on studying*. 진수는 계속해서 공부했다.
3. **keep+목적어+형용사** : (목적어)를 계속 (형용사) 상태로 유지하다
   I always *keep my room clean*.나는 항상 방을 깨끗하게 해 놓습니다.
4. **keep+목적어+~ing(현재분사)** : (목적어)가 계속 ~하고 있게 하다
   He *kept me waiting*. 그는 나를 계속 기다리게 했다.
5. **keep+목적어+from ~ing** : (목적어)가 ~하지 못하게 하다
   My dad *kept me from going* to the movie. 아빠는 내가 영화관에 가지 못하게 했다. → 아빠 때문에 나는 영화관에 가지 못했다.

33rd Day Test

1 우리말과 같은 뜻이 되도록 빈 칸에 들어갈 알맞은 말을 쓰시오.

1. 나는 거의 모든 사람을 만났다.
   I've met ____________ about everyone.
2. 저는 외국어에 능통하다고 생각합니다.
   I think I am ____________ at foreign languages.
3. 금산은 인삼으로 유명하다.
   Gumsan is ____________ for its ginseng. **ginseng** 인삼
4. 너를 기다리게 해서 미안해.
   I'm sorry to ____________ you waiting.

2 빈 칸에 들어갈 알맞은 말을 〈보기〉에서 찾아 그 기호를 쓰시오.

〈보기〉			
	A. a great deal of	B. just about	C. take back
	D. as a result	E. run across	F. count on

1. I ____________ you to help me.
   저를 도와주시리라 믿고 있습니다.
2. ____________ , the weather will be hotter.
   그 결과 날씨가 더 무더워질 것입니다.
3. We have done ____________ work.
   우리는 상당한 성과를 거두었습니다.
4. I will ____________ what I said.
   제가 한 말 취소하겠어요.

3 우리말은 영어로, 영어는 우리말로 옮기시오.

1. 나는 옛 친구를 우연히 만났다.
2. He stood in the center of the room.

해답

1. 1. just 2. good 3. famous 4. keep 2. 1. F 2. D 3. A 4. C 3. 1. I ran across my old friend. 2. 그는 방 한가운데 서 있었다.

34th Day

just as　~대로 꼭 같이, ~와 꼭 마찬가지로

We can meet at my house or yours, *just as* you wish.
네가 원하는 대로 우리 집이나 너희 집에서 만나면 된다.

walk along　~을 따라 걷다

We started *walking along* the crowded street.
우리는 인파가 붐비는 거리를 따라 걷기 시작했다.

out of order　고장 난; 흐트러진

The phone is *out of order* again.
그 전화가 또 고장 났다.
His behavior in the meeting was *out of order*.
그 회의에서 그의 태도는 단정하지 못했다.

for good (and all)　영원히, 이것을 마지막으로

She left him *for good*.
그 여자는 그를 영원히 떠났다.
She says that she's leaving the country *for good*.
그녀는 이 나라를 영원히 떠날 거라고 말한다.

run after　~을 뒤쫓다; 뒤에서 달리다

The dog is *running after* a cat.
그 개가 고양이를 뒤쫓고 있다.
He had the courage to *run after* the thief.
그는 용감하게도 도둑을 쫓아갔다.

as[so] far as　(거리가) ~까지; (범위가) ~하는 한

She went by taxi *as far as* Suwon.　▶ 거리에는 **so far as**를 쓰지 않음
그 여자는 수원까지 택시로 갔다.

- **as far as**와 **so far as**는 대체로 같은 뜻으로 쓰이지만, 다음에 오는 문장을 강조하거나 앞에 부정어가 있을 때에는 so far as를 쓰는 일이 많다.

as ~ as… …와 같은 정도로, ~한

His face is *as* black *as* coal.
그의 얼굴은 숯처럼 새까맣다.
- 앞의 **as**는 부사이고, 뒤의 **as**는 접속사이다.

take in ~을 받아들이다, 끌어들이다; ~을 넣다

We *took* him *in* as a partner. 우리는 그를 동업자로 받아들였다.
Do you *take* cream *in* your coffee? 커피에 크림을 넣어 드릴까요?

as many as ~과 같은 수의; ~만큼이나 많은

He has *as many* pencils *as* you have.
그는 너와 같은 수의 연필을 갖고 있다.
There were *as many as* 50 people at the party.
그 파티에는 50명이나 되는 사람들이 있었다.
- **as much as** ~만큼, ~정도, ~못지 않게 → 양을 나타낼 때

a couple of 둘의, 두셋의(구어)

Get me *a couple of* doughnuts. 도넛 두 개만 주세요.
I met *a couple of* foreigners at the party.
나는 파티에서 외국인을 두세 명 만났다.
- **a pair of** 한 쌍(같은 모양의 두 부분)의
  ex) He bought *a pair of* shoes. 그는 구두 한 켤레를 샀다.

숙어 SPECIAL as[so] far as의 쓰임새 분석

as far as는 so far as와 같은 의미로 쓰이는데, 전치사적으로 쓰면 '~까지'의 뜻이고, 접속사적으로는 '~하는 한 멀리까지' 또는 '~하는 한'의 의미입니다.
즉, as far 또는 so far 부분은 '그만큼까지'란 뜻을 내포하고 있고, 뒤의 as 이후에 나오는 것에 대해 '그만큼까지'란 뜻입니다.
예를 들면, 'as[so] far as I know'는 '내가 알고 있는 것에 대해 그만큼까지'란 뜻이 됩니다.

- 'as far as I know'의 경우, 'so far as I know'라고도 할 수 있으나 'as far as Seoul'과 같은 때에는 so far as를 쓸 수 없습니다. 즉 실제의 거리나 범위에는 as far as만을 사용합니다.

34th Day Test

1 우리말과 같은 뜻이 되도록 빈 칸에 들어갈 알맞은 말을 쓰시오.

1. 우리는 해안선을 따라 걸었다.
   We walked ____________ the sea front.
2. 경찰이 도둑을 뒤쫓았다.
   The policeman ran ____________ the thief.
3. 그는 나와 키가 거의 같다.
   He is almost ____________ tall as I am.
4. 나는 남자 두 명이 나가는 것을 보았다.
   I saw a ____________ of men get out.

2 빈 칸에 들어갈 알맞은 말을 〈보기〉에서 찾아 그 기호를 쓰시오.

〈보기〉	A. for good	B. take in	C. run after
	D. out of order	E. as far as	F. as many as

1. I thought you had gone ____________!
   난 네가 영영 가버린 줄 알았어!
2. My cellular phone was ____________. **cellular phone** 휴대폰
   내 휴대폰이 고장 났다.
3. I will help you ____________ I can.
   내가 할 수 있는 한 너를 돕겠다.
4. What do you ____________ your coffee?
   당신은 커피에 뭘 넣으세요?

3 우리말은 영어로, 영어는 우리말로 옮기시오.

1. She wrote as many as three books a year.
2. 내가 행하는 대로 꼭 같이 행하여라.

해답

1. 1. along 2. after 3. as 4. couple 2. 1. A 2. D 3. E 4. B 3 1. 그녀는 1년에 3권이나 되는 책을 썼다. 2. Do just as I do.

35th Day

run away 달아나다; 가출하다

Seeing the policeman, the thief *ran away*.
경찰관을 보자마자 그 도둑은 달아났다.
He has *run away* from home.
그는 가출했다.

- **run away from** ~에서 도망가다
  run away with ~와 함께 도망치다, ~을 가지고 도망치다

as usual 보통 때처럼, 여느 때처럼

As usual, there weren't many people at the meeting.
늘 그렇듯 그 모임에는 사람들이 많지 않았다.

walk around ~의 주위를 걷다, 이리저리 걷다

He went for a *walk around* the block.
그는 구획을 한 바퀴 산책하러 갔다.

graduate from ~을 졸업하다

They will *graduate from* this middle school.
그들은 이 중학교를 졸업할 것이다.
You can be a doctor after you *graduate from* medical school.
의학부를 졸업한 뒤에는 의사가 될 수 있다.

just now (상태를 나타내는 동사의 현재형과 함께 써서) 바로 지금, 지금

Come and see me later. I'm busy *just now*.
지금 당장은 바쁘니까 다음에 나를 찾아오세요.

- **only now** 바로 지금, 방금
  ex) We're *only now* beginning. 우리는 이제 겨우 시작에 불과해요.

be covered with ~으로 덮이다

That field *was covered with* snow.
저 들판은 눈으로 덮였다.

many kinds of 많은 종류의, 여러 가지 종류의

There are *many kinds of* flowers in the garden.
정원에는 여러 가지 종류의 꽃들이 있다.
There were so *many kinds of* plants that I didn't know.
내가 몰랐던 식물의 종류가 매우 많았다.

over again 다시 한번, 되풀이하여

He tried it all *over again*.
그는 그것을 다시 한번 시도하였다.
Please, explain it *over again*.
그것을 다시 한번 설명해 주십시오.

far away 멀리 떨어져서, 멀리 떨어진

Although he's *far away,* he's still in our thoughts.
그는 비록 멀리 있지만 아직도 우리 생각 속에 남아 있다.
Call me if you need me; I won't be *far away*.
제가 필요하면 부르세요. 멀리 있지 않을 거예요.

- **far and away** 저 멀리; 훨씬, 뛰어나게, 단연(=by a long shot, by far)
  ex) He's *far and away* the best player.
  그는 단연코 최고의 선수이다.

take off 벗다(↔ put on); (비행기 등이) 이륙하다(↔ land)

He *took* his coat *off*.
그는 코트를 벗었다.
Flight 746 to London will *take off* in five minutes.
런던 행 746편이 5분 있으면 이륙할 것이다.

숙어 SPECIAL

just와 just now의 구별

just와 just now는 시제에 따라서 각각 쓰임이 다릅니다.

A. I have *just* finished my homework.

B. I finished my homework *just now*.

위의 두 문장은 모두 '나는 막 나의 숙제를 끝마쳤다.' 로서 의미는 같지만 시제에 따라 달리 표현된 경우입니다. just가 시간의 개념으로 쓰일 때에는 '방금' 또는 '최근에' 라는 뜻이 되고, 현재완료와 과거 양쪽 다 쓰일 수 있습니다. 반면, just now는 '방금 전' 이라는 뜻이고, 과거에만 쓰일 수 있습니다.

35th Day Test

1 우리말과 같은 뜻이 되도록 빈 칸에 들어갈 알맞은 말을 쓰시오.

1. 그녀는 모자를 벗었다.
   She took ____________ her hat.
2. 당신은 현재 상황을 회피하고 있습니다.
   You're running ____________ from your present situation.
3. 호숫가를 산책합시다.
   Let's walk ____________ the lake.
4. 마루는 깨진 유리로 뒤덮여 있었다.
   The floor was covered ____________ broken glass.

2 빈 칸에 들어갈 알맞은 말을 〈보기〉에서 찾아 그 기호를 쓰시오.

〈보기〉			
	A. far away	B. graduate from	C. run away
	D. just now	E. as usual	F. walk around

1. ____________ , he was late.
   여느 때처럼 그는 늦었다.
2. I'm busy ____________ .
   나는 지금 당장은 바빠.
3. I'll visit my relatives house ____________ . **relative** 친척
   멀리 계신 친척집을 방문할 것이다.
4. Which school did you ____________ ?
   어느 학교를 졸업하셨어요?

3 우리말은 영어로, 영어는 우리말로 옮기시오.

1. 그것을 다시 한 번 말하시오. **order** 주문하다
2. There are so many kinds of food, I can't decide what to order.

해답 1. 1. off 2. away 3. around 4. with 2. 1. E 2. D 3. A 4. B 3. 1. Say it over again.
2. 음식 종류가 너무 많아서 무엇을 주문할지 못 정하겠어요.

36th Day

walk away 걸어 나가다; 떠나다

They got off the bus and *walked away*.
그들은 버스에서 내려 걸어갔다.
She *walked away* from me without saying a word.
그녀는 한 마디 말도 없이 내게서 떠났다.

- **walk away from** ~의 곁을 떠나다; ~을 쉽게 앞지르다; (사고 등에서) 상처 하나 없이 살아나다

run down 뛰어내리다, 달려 내려오다; 흘러내리다

I used to *run down* the sidewalk.
나는 보도를 따라 달려 내려가곤 했다.
Tears were *running down* her face.
눈물이 그 여자의 얼굴을 흘러내리고 있었다.

many times 여러 번, 수 차례

How *many times* do I have to tell you before you understand?
몇 번을 말해야 알아듣겠어요?

ask ~ a favor ~에게 도움을 요청하다

May I *ask* you a *favor*?
부탁 하나 드려도 될까요?

- **ask a favor of** ~에게 부탁을 하다

get up to ~에 도달하다; ~에 따라붙다; (장난 · 나쁜 짓 등)을 하다

We *got up to* page 36 in the last lesson.
우리는 지난 시간에 36페이지까지 했다.
What on earth will he *get up to* next?
도대체 그가 다음에는 어떤 짓을 벌일까?

over and over (again) 여러 번 되풀이하여

She kept saying the same thing *over and over again*.
그 여자는 같은 말을 되풀이해서 했다.
He read the letter *over and over again*.
그는 그 편지를 몇 번이고 되풀이해서 읽었다.

feel like ~ing ~하고 싶어 하다

What do you *feel like doing* tonight?
너 오늘 밤에 뭐하고 싶어?
She *feels like resting*.
그녀는 쉬고 싶어한다.

- **feel like** ~한 느낌이 있다; ~같은 감촉이 들다
  ex) It *feels like* yesterday.
  그것은 어제 일처럼 느껴집니다.

grow out of ~에서 나가다; ~에서 생기다, ~의 결과이다

She will *grow out of* the bad habit.
그녀는 나쁜 버릇을 고칠 것이다.
His illness *grew out of* his bad habits.
그의 병은 악습에서 생겼다.

keep A from ~ing A로 하여금 ~하지 못하게 하다

I *kept her from playing* the piano.
나는 그녀로 하여금 피아노를 치지 못하게 했다.

- 주어+**keep**+방해받는 사람+**from**+방해 받는 일

take part in ~에 참가하다(=participate in)

How many countries *took part in* the last Olympic Games?
지난 올림픽 경기에 몇 개국이 참가했어요?

숙어 SPECIAL feel like ~ing에서 ~ing가 붙는 이유

아래의 두 문장은 모두 '오늘 밤에는 집에 있고 싶다.' 는 뜻입니다.

A. I *feel like staying* at home tonight.
B. I *would rather stay* at home tonight.

그런데 B 문장의 stay에는 왜 ing가 붙지 않았을까요?
A 문장의 동사 staying 앞에 붙은 like는 '좋아하다' 라는 뜻의 동사가 아니라, 전치사로 쓰였습니다. 따라서 전치사 다음에는 동명사가 와야 되므로, stay가 아니라 staying이 쓰인 것이지요. B 문장은 'would rather+동사원형' 이므로, 동사원형인 stay가 온 것입니다.

36th Day Test

1 우리말과 같은 뜻이 되도록 빈 칸에 들어갈 알맞은 말을 쓰시오.

1. 제가 어떻게 당신을 떠나보낼 수 있겠어요?
   How can I just let you ____________ away?
2. 소년이 언덕 아래로 달려 내려왔다.
   The boy ran ____________ the hill.
3. 그는 독감 때문에 외출을 못하였다.
   A bad cold kept him ____________ going out.
4. 어려운 부탁 하나 해도 돼요?
   Could I ask you a big ____________ ?

2 빈 칸에 들어갈 알맞은 말을 〈보기〉에서 찾아 그 기호를 쓰시오.

〈보기〉			
	A. get up to	B. walk away	C. many times
	D. grow out of	E. take part in	F. over and over

1. All arts ____________ necessity. **necessity** 필요
   모든 예술은 필요에서 생긴다.
2. He had been abroad ____________ .
   그는 해외에 여러 번 가 봤다.
3. Don't ____________ any mischief. **mischief** 장난
   장난치면 안 돼!
4. Read the book ____________ again.
   그 책을 몇 번이고 거듭 읽어 보시오.

3 우리말은 영어로, 영어는 우리말로 옮기시오.

1. 나는 정말 아무것도 하고 싶지 않아요.
2. He took part in the movement.

해답 1. 1. walk 2. down 3. from 4. favor 2. 1. D 2. C 3. A 4. F 3. 1. I really don't feel like doing anything. 2. 그는 그 운동에 참가했다.

37th Day

cross over ~을 건너다, 넘다

The river is too deep, we can't *cross over*.
강이 너무 깊어서 우리가 건널 수 없다.

ask for ~을 요구하다, 청구하다

He *asked for* a glass of water.
그는 물 한 잔을 달라고 했다.

- **ask A for B** A에게 B를 요구하다
  ex) You're *asking* your friend *for* advice.
  당신은 친구에게 조언을 부탁하고 있군요.

keep away (from) (~에서) 떨어져 있다

Keep away from me. I've got a bad cold.
나에게 가까이 오지 마. 나는 독감에 걸렸어
Her illness *kept* her away *from* work for several weeks. **illness** 병
그녀는 병 때문에 몇 주 동안 일을 못했다.

grow up 어른이 되다; 자라나다

Jin-su *grew up* to be a scientist.
진수는 어른이 되어 과학자가 되었다.

a few 몇몇의; 약간의

He has *a few* friends.
그에게는 친구가 몇 명 있다.
She's written many books but I've only read *a few*.
그녀는 많은 책을 썼지만 나는 몇 권밖에 못 읽었다.

- few는 수에, little은 양에 쓰인다.

of one's own 자기 자신의

He played a piano sonata *of his own* composition. **composition** 작곡
그는 자기가 직접 작곡한 피아노 소나타를 연주했다.

run out of ~이 다 떨어지다, 다 써버리다

We have almost *run out of* food.
식품이 거의 바닥 났다.

so many 아주 많은; 동수의, 그것만큼의

I have *so many* books that I don't know what to do with them.
난 책이 너무 많아서 어떻게 해야 할지 모르겠다.

- **So many men, so many minds.** 십인십색

take place 일어나다, 발생하다(=happen)

How does an explosion *take place*?
폭발은 어떻게 일어나는가?

walk on ~ 위를 걷다

Don't *walk on* the grass.
잔디 위로 걸어 다니지 마시오.

- **walk on air** 기뻐 날뛰다, 들뜨다

ex) All the children are *walking on air*.
모든 아이들이 좋아서 기뻐 날뛰고 있다.

숙어 SPECIAL

ask for와 ask의 구별법

'누구에게 무엇을 요청하다' 라는 표현을 할 때는 ask를 사용하여 아래와 같은 형태로 쓰는 것이 가장 일반적인 형식입니다.

I *asked* him *for* help. 나는 그에게 도움을 요청했다.

전치사 for는 올 수도 있고, 오지 않을 경우도 있습니다.

보통 ask 다음에는 '누구에게' 라는 간접목적어가 바로 나옵니다.

I *asked* him several questions.

나는 그에게 몇 가지 질문을 했다.

'I asked several questions of ~.' 와 같이 ask 다음에 목적어가 바로 나오면 전치사 of는 '누구에게' 라는 부분을 나타낼 때 쓰입니다.

이 형태에서 '누구에게' 라는 부분이 of 전치사 뒤에 붙게 됩니다.

I *asked* several questions *of* him.

이에 따라 아래의 두 예문은 살펴보면, 형태만 달리했을 뿐 모두 '나는 어머니께 돈을 달라고 했다' 는 뜻임을 알 수 있습니다.

A. I *asked* my mother *for* money.
B. I *asked* money *of* my mother.

37th Day Test

1 우리말과 같은 뜻이 되도록 빈 칸에 들어갈 알맞은 말을 쓰시오.

1. Cross ____________ to the other side of the street.
   길 저쪽 편으로 건너가세요.
2. 그는 계속 걸어가고 돌아보지 않았다.
   He walked ____________ and didn't look back.
3. 당신 운전 면허증을 볼 수 있을까요?
   May I ask ____________ your driver's licence?
4. 그를 나한테 가까이 못 오게 해요.
   Just ____________ him away from me.

2 빈 칸에 들어갈 알맞은 말을 〈보기〉에서 찾아 그 기호를 쓰시오.

〈보기〉			
	A. grow up	B. take place	C. ask for
	D. of his own	E. walk on	F. a few

1. If you ____________, you will understand it.
   네가 성장하면 그것을 이해할 것이다.
2. He has no will ____________.
   그에게는 자기 자신의 의지가 없다.
3. The concert will ____________ next Sunday.
   콘서트는 다음 주 일요일에 열릴 것이다.
4. I spent ____________ days doing nothing.
   나는 아무 일도 하지 않고 방학을 며칠 보냈다.

3 우리말은 영어로, 영어는 우리말로 옮기시오.

1. You don't need to worry about running out of money.
2. 그렇게 많은 질문을 하지 마시오.

해답

1. 1. over 2. on 3. for 4. keep 2. 1. A 2. D 3. B 4. F 3. 1. 너는 돈이 떨어지고 있다고 걱정할 필요가 없다. 2. Don't ask so many questions.

38th Day

keep (on) ~ing　계속 ~하다

The flame will be *kept burning*.
그 불은 계속 타오를 것이다.

- **keep ~ from doing** ~이 …하지 않도록 하다
  ex) I *kept* her *from playing* the piano.
  나는 그녀가 피아노를 치지 못하게 했다.

walk away[off] with　~을 가지고 가 버리다[달아나다]

Somebody has *walked away* with my pen.
누군가가 내 펜을 가져갔어요.
Did you see that kid *walk away* with that bread?
당신은 그 아이가 빵을 훔치는 것을 보았습니까?

on one's own　혼자, 자신의, 혼자 힘으로

She can be left to work *on his own*.
그녀는 혼자 일하도록 놔두어도 된다.

in the market for　~을 사고 싶어 하는

I'm *in the market for* a new notebook.
나는 새 노트를 한 권 살 생각이다.

in half　절반으로, 두 개로

She cuts an apple *in half*.
그녀는 사과 한 개를 반으로 자른다.
The house burned down *in half* an hour.
그 집은 반시간 만에 모두 타버렸다.

- *Half* a loaf is better than no bread.
  《속담》 빵 반 덩어리라도 없는 것보다 낫다.

run over　~에서 넘치다; (차 등이) ~을 치다; ~을 죽 훑어보다

Water was *running* all *over* the bathroom floor.
물이 목욕탕 바닥에 흘러넘치고 있었다.
He was nearly *run over* by a bus.
그는 자칫 버스에 치일 뻔 했다.
He *ran over* the papers.
그는 서류를 죽 훑어보았다.

talk about ~에 관해 말하다

Who are you *talking about*?
누구에 대해 말을 하고 있습니까?

- get talked about 소문거리가 되다
  ex) You'll *get* yourself *talked about* if you behave badly.
  행동을 조심하지 않으면 평판이 나빠질 것이다.

cry out 큰 소리로 외치다, 고함치다

I heard Jin-su *cry out* in fright.
나는 진수가 놀라서 소리 지르는 것을 들었다.

not a few 적지 않은, 상당수의

Not a few students have gone home.
적지 않은 학생이 집에 가 버렸다.
That news interested me *not a few*.
나는 그 뉴스에 상당한 관심이 쏠렸다.

at last 마침내(=finally), 드디어, 끝내

Thankfully, it has stopped raining *at last*.
고맙게도 마침내 비가 그쳤다.

- **at long last** 기다리고 기다린 끝에, 겨우, 마침내, 결국(=after all, in the long run)

숙어 SPECIAL 뜻은 같지만 느낌이 다른 at last와 finally

at last는 전치사구로서 '마침내'라는 뜻이고, finally는 부사로서 역시 '마침내' 또는 '끝내'의 의미를 가지고 있습니다.

at last와 finally는 모두 오랫동안 기다려 왔다는 것을 나타냅니다. 어감은 at last가 finally보다 훨씬 강하지요. 매우 많은 인내심을 가졌으며 불편함이 있었다가 마침내 어떻게 되었다는 말입니다.
Jin-su has *finally* had a job.
진수는 결국 취직하였다.
He passed the exam *at last*.
그는 마침내 시험을 통과하였다.

38th Day Test

1 우리말과 같은 뜻이 되도록 빈 칸에 들어갈 알맞은 말을 쓰시오.

1. 그녀는 고통에 겨워 소리를 쳤다.
   She cried ____________ in pain.
2. 누가 내 가방을 훔쳐 갔다.
   Someone's ____________ away with my bag.
3. 그들은 무슨 이야기를 하고 있나요?
   What are they ____________ about?
4. 나는 혼자 힘으로 이 이야기를 썼다.
   I wrote this story on my ____________ .

2 빈 칸에 들어갈 알맞은 말을 〈보기〉에서 찾아 그 기호를 쓰시오.

〈보기〉			
	A. run over	B. in the market for	C. cry out
	D. at last	E. in half	F. talk about

1. He is ____________ a new car.
   그는 새 차를 사고 싶어 한다.
2. We reach Seoul Station ____________ an hour.
   우리는 30분 후에 서울역에 도착합니다.
3. He almost got ____________ by the car.
   그 사람 하마터면 차에 치일 뻔했어요.
4. ____________ they met again.
   마침내 그들은 다시 만났다.

3 우리말은 영어로, 영어는 우리말로 옮기시오.

1. 그 소년은 계속 달렸다.
2. Not a few of the members were absent. **absent** 결석한

해답 1. 1. out 2. walked 3. talking 4. own 2. 1. B 2. E 3. A 4. D 3. 1. The boy kept on running. 2. 꽤 많은 수의 회원이 결석했다.

39th Day

be curious about ~을 알고 싶어 하다, 호기심이 있다

They *are curious about* Korea.
그들은 한국에 관해서 알고 싶어 한다.
She'*s* always so *curious about* my work.
그녀는 내 일에 항상 호기심이 많다.

back and forth 앞뒤로; 왔다갔다

He was walking *back and forth* in front of the house.
그는 집 앞을 왔다갔다 하고 있었다.

- **go back and forth** 갈팡질팡하다, 우물쭈물하다
  ex) He's always *going back and forth* on his decisions
  그는 결정을 내릴 때 항상 갈팡질팡해.

get married(to) (~와)결혼하다

She will *get married to* him soon.
그녀는 곧 그와 결혼할 것이다.

run up 달려 올라가다; (깃발 등)을 올리다

I'm not fit enough to *run up* those stairs.
나는 저 계단을 뛰어 올라갈 수 있을 만큼 충분히 튼튼하지 못하다.

keep off 가까이 하지 않다; 가까이 못 오게 하다

Keep off the dog!
개를 가까이 오지 못하도록 하세요.
I was not able to *keep* my eyes *off* him.
나는 그에게서 눈을 뗄 수가 없었다.

a pair of 한 쌍의

I gave him *a pair of* socks.
나는 그에게 양말 한 켤레를 주었다.

- **a pair of** 뒤에는 짝을 이루는 복수명사가 온다.

by hand 손으로, 수공으로

I had to wash all of the clothes *by hand*.
나는 옷을 전부 손으로 빨지 않으면 안 되었다.

figure out　풀다, 해결하다(=solve); 계산해 내다; 생각해 내다

Can you *figure out* what I have in my pocket?
내 호주머니에 무엇이 있는지 알아맞힐 수 있니?
Computers *figure out* our pay for us.
컴퓨터는 우리 대신에 봉급을 계산해 낸다.
Can you *figure out* the number of students?
너는 학생 수를 생각해 낼 수 있니?

want ~ to …　~가 …하기를 원하다

They *want* me *to* do everything.
그들은 내가 모든 일을 하기를 원합니다.
I *want* someone *to* do the dishes.
나는 설거지를 해 줄 사람을 원한다.
• **do the dishes** 설거지하다　**dish up the dinner** 만찬을 대접하다

talk of　~의 일에 대해 말하다[이야기하다]

Talk of the devil, and he is sure to appear.
《속담》 호랑이도 제 말 하면 온다.

숙어 SPECIAL　구분이 모호한 figure out과 find out

find out은 어떠한 사실을 찾아낸다는 의미이고, figure out은 머릿속에서 상상, 계산 등을 해낸다는 뜻이지만 구분하기가 쉽지 않습니다. 그러나 각각 속에 담긴 뜻을 파악하면 이해할 수 있지요.
find out은 본인의 생각이 아닌, 이미 존재하는 것을 찾아냈을 때 쓰고, figure out은 본인의 생각으로 독창적인 것을 생각해 냈을 때 씁니다.

A. I *found out* how to get there.
B. I *figure out* how to get there.

위의 두 문장은 모두 '거기로 어떻게 가는지 알아냈다' 는 뜻입니다.
A 문장은 본인의 생각으로 알아낸 것이 아니고, 주위에 묻거나 조사를 통해서 알아낸 것입니다. B 문장은 본인이 남의 도움 없이 직접 알아낸 것입니다.

39th Day Test

1 우리말과 같은 뜻이 되도록 빈 칸에 들어갈 알맞은 말을 쓰시오.

1. 사실 제가 궁금한 것이 한 가지 있습니다.
   In fact there is one thing I'm ____________ about.
2. 경찰은 그 빌딩 앞에서 왔다갔다 했다.
   The policeman walked back and __________ in front of that building.
3. 그녀는 다른 직장에 지원해 볼 거라고 말했다.
   She talked ____________ applying for another job.
4. 저는 당신이 합류하기를 원해요.
   I want you ____________ be a part of it.

2 빈 칸에 들어갈 알맞은 말을 〈보기〉에서 찾아 그 기호를 쓰시오.

〈보기〉			
	A. figure out	B. talk of	C. get married
	D. by hand	E. back and forth	F. a pair of

1. She bought ____________ red shoes.
   그녀는 빨간 신발 한 켤레를 샀다.
2. She made this toy ____________ .
   그녀는 손으로 이 장난감을 만들었다.
3. Did you ____________ how to get there?
   그곳에 어떻게 가는지 방법을 알아냈나요?
4. They plan to ____________ in the spring.
   그들은 봄에 결혼을 할 계획이다.

3 우리말은 영어로, 영어는 우리말로 옮기시오.

1. I'm breathless after running up the stairs.
2. 잔디밭에 들어가지 마시오.

해답

1. 1. curious 2. forth 3. of 4. to 2. 1. F 2. D 3. A 4. C 3. 1. 나는 계단을 뛰어올라 숨이 차다. 2. Keep off the grass.

40th Day

keep on　~을 입은[쓴, 신은] 채로 있다

She *kept* her coat *on*.
그녀는 계속 외투를 입고 있었다.

(a) part of　~의 일부분

Part of the building was destroyed in the fire.
그 화재로 그 건물 일부가 파괴되었다.

- **a part of my portion** 내 몫의 일부

hand in hand　손을 마주 잡고; 협력하여

They sang *hand in hand* for peace.
그들은 평화를 위해 손에 손을 잡고 노래를 했다.
Doctors and nurses work *hand in hand* to save lives.
의사와 간호사는 생명을 구하기 위해 협력하여 일한다.

back up　후원하다(=support), 지지하다; 후퇴[후진]하다

My grandparents always *back up* me.
나의 조부모님은 언제나 나를 후원하신다.
You can *back up* another five meters or so.
5미터 정도 더 후진해도 되겠습니다.

cut down　(나무 등)을 베어 쓰러뜨리다; 줄이다(=reduce)

He *cut down* the tree.
그는 나무를 베어 쓰러뜨렸다.
I can *cut down* on expenses.
나는 지출을 줄일 수 있다.

- **cut down on** (의식 · 경비 · 수량 등을) 절감하다, 바짝 줄이다(=cut back)
  ex)We must *cut down on* air pollution　**air pollution** 대기 오염
  우리는 대기 오염을 감소시켜야 한다.

in[with] regard to　~에 관해서(=concerning)

He spoke to me *in regard to* his plan.
그는 자기의 계획에 대해 나한테 얘기했다.

fill in ~을 (빈 곳에) 써 넣다, 채우다

Fill in the blanks on the question paper.
설문지의 빈 칸을 채우시오.

rush to ~로 달려가다, 돌진하다

People *rushed to* buy the tickets.
사람들은 표를 사기 위하여 몰려들었다.

talk to ~에게 말을 걸다; ~와 대화하다

I talked to my partner in the class.
나는 수업 시간에 내 짝과 이야기를 했다.

- **talk of** ~할 생각이라고 말하다

warm up 따뜻해지다, 데우다

The room soon *warmed up*.
실내가 곧 따뜻해졌다.

숙어 SPECIAL

keep과 keep on의 차이점

keep은 '계속하다, 유지하다, 막다' 와 같은 뜻을 포함하고 있는 동사입니다. 그런 의미의 동사 뒤에 on이라는 부사가 붙음으로써 상태나 동작의 계속, 유지 등이 더 강조된 것입니다. 따라서 keep이란 동사를 강조하기 위해 on이라는 부사를 사용하였다고 보면 됩니다.

A. Weather *keeps* fine. 좋은 날씨가 계속되고 있다.
B. The rain *kept on* all night. 비가 밤새도록 내렸다.

keep ~ing는 '계속해서 ~하다' 라는 뜻을 가지는데, keep on ~ing도 같은 의미입니다. 하지만 그 계속적인 상태나 동작이 더 강조가 되었다고 보면 됩니다. 보통 on이 있든지 없든지 '계속 ~하다' 로 생각하면 됩니다.

C. He *kept smoking* all the time.
그는 줄곧 담배를 피웠다.
D. She *keeps on crying* without doing anything.
그녀는 아무것도 하지 않고 계속 울기만 한다.

40th Day Test

1 우리말과 같은 뜻이 되도록 빈 칸에 들어갈 알맞은 말을 쓰시오.

1. 모자를 쓴 채로 있어도 좋다.
   Keep your hat ____________ .
2. 스코틀랜드는 영국의 일부이다.
   Scotland is a ____________ of Great Britain.
3. 그들은 서로 도와 그 일을 끝냈다.
   They finished the work ____________ in hand.
4. 아버지께서는 담배를 줄이고 계신다.
   My dad is cutting ____________ on smoking.

2 빈 칸에 들어갈 알맞은 말을 〈보기〉에서 찾아 그 기호를 쓰시오.

〈보기〉			
	A. rush to	B. in regard to	C. talk to
	D. warm up	E. fill in	F. keep on

1. What is this ____________ ?
   이것은 무엇과 관련된 것인가요?
2. What's the ____________ make plans?
   왜 그렇게 서둘러 계획을 세우는 거예요?
3. ____________ your name here.
   여기에 이름을 써 넣으세요.
4. I'll go ____________ some food.
   제가 가서 음식을 데울게요.

3 우리말은 영어로, 영어는 우리말로 옮기시오.

1. 제가 당신을 후원하겠습니다.
2. You can talk to me.

해답

1. 1. on 2. part 3. hand 4. down 2. 1. B 2. A 3. E 4. D 3. 1. I will back you up. 2. 제게 말씀하시면 됩니다.

41th Day

fill out　커지다, 부풀다, 살찌다; ~을 써 넣다, 채우다

Her cheeks began to *fill out*.
그녀의 양 볼이 통통해지기 시작했다.
Fill out an application. 신청서를 채워 주세요.

beileve in　~의 존재를 믿다, ~를 신뢰하다, 가치를 인정하다

Do you *believe in* dragons?
너는 용이 있다고 믿느냐?
❖ I *believe in* him. 나는 그를 신뢰한다.
I *believe* him. 나는 그의 말을 믿는다.

for sale　팔려고 내놓은, 판매 중인

I'm sorry this painting's not *for sale*.
죄송하지만 이 그림은 비매품입니다.

cut off　~을 잘라내다; 막다; 중단되다

She is going to *cut off* her long hair.
그녀는 긴 머리를 잘라 버릴 생각이다.
The new factory *cuts off* our view of the sea.
새 공장이 바다가 보이는 우리의 전망을 차단한다.

thank for　~을 감사하다

Thank you *for* inviting me. 초대해 주셔서 감사합니다.
Thank you *for* your visit. 방문해 주셔서 감사합니다.
❖ 'Thank you for~'에 대한 정중한 대답 → It's my pleasure! 별 말씀을!, 천만에요., 괜찮습니다.(Not at all. You are welcome.)

hand down　(후세에) 전하다; (재산)을 남기다; 공표하다, 판결하다

Most of my clothes were *handed down* to me by my older brother.
내 옷의 대부분은 우리 형한테서 물려받은 것이다.
You have to *hand down* an impartial judgement.　**impartial** 공정한
너는 공정한 판단을 내려야 한다.

for the most part 대부분은, 대개는

I agree with you about the matter *for the most part*.
나는 그 문제에 대해서 대부분은 너의 의견에 찬성한다.

be based on ~에 기초를 두다

This is a movie (which *is*) *based on* a true story.
이것은 실화를 근거로 한 영화이다.
❖ **based on baseball** 야구에서 포볼에 의한 출루

wash away 휩쓸어 가다

The flood *washed away* my house.
홍수가 우리집을 휩쓸어 가버렸다.
❖ **be carried away** (풍랑에) 씻겨 내려가다

for that matter 그 일이라면, 그 문제에 관해서는

Don't talk like that to your mother, or to anyone else *for that matter*.
그 점에 관해서라면 네 엄마에게 아니 누구에게라도 그런 식으로 말하지 마.

숙어 SPECIAL believe와 believe in의 의미 차이

아래의 두 문장은 뜻은 서로 같아 보이지만, 뉘앙스도 다르고 문법적 요소도 다릅니다.
A. I *believe* you.
B. I *believe* in you.
A를 해석하면 '나는 너를 믿는다' 는 뜻이지만, 여기에서 말하는 것은 '나는 네가 하는 말을 믿는다.' 는 것으로 '상대방을 신임한다(=trust)' 는 의미입니다.
B에서 believe in은 '~의 존재를 믿다(예를 들면 신을 믿는 것 등)' 라는 뜻이지요. 그러므로 나는 '너의 존재를 믿는다.' 는 말입니다.
believe는 자동사도 되고 타동사도 되는데, 타동사는 목적어를 갖는 동사입니다. 따라서 A에서 believe는 타동사이고, 이 문장은 3형식 문장이 됩니다. B에서는 believe가 자동사로 쓰였습니다. 자동사는 목적어를 취하지 않으므로 in이라는 전치사를 씁니다. 이 문장은 1형식 문장이지요.

41th Day Test

1 우리말과 같은 뜻이 되도록 빈 칸에 들어갈 알맞은 말을 쓰시오.

1. 이 집은 팔려고 내놓았다.
   This house is ____________ sale.
2. 나는 서둘러 서류를 작성하였다.
   I filled ____________ the document in a hurry.
3. 그들의 집이 홍수에 떠내려 갔다.
   Their house was ____________ away in the flood. **flood** 홍수
4. 그 연극은 실제 이야기를 기초로 한 것이다.
   The play was ____________ on a true story.

2 빈 칸에 들어갈 알맞은 말을 〈보기〉에서 찾아 그 기호를 쓰시오.

〈보기〉			
	A. for that matterr	B. for the most part	C. for sale
	D. cut off	E. believe in	F. hand down

1. The story is true ____________ .
   그 이야기는 대부분 사실이다.
2. If we get ____________, I will call back.
   전화가 끊기면 제가 다시 걸게요.
3. ____________, you can count on me.
   그 문제에 관해서라면 나를 믿어도 된다.
4. I can help only if you ____________ me.
   나를 믿고 의지할 때 비로소 도울 수 있어요.

3 우리말은 영어로, 영어는 우리말로 옮기시오.

1. 전화해 주셔서 감사합니다.
2. The ring had been handed down from her mother.

해답 1 1. for 2. out 3. washed 4. based 2 1. B 2. D 3. A 4. E 3 1. Thank you for calling. 2.그 반지는 그녀의 어머니에게서 물려받은 것이었다.

42nd Day

in part 일부분, 어느 정도, 얼마간

I agree with you *in part*.
나는 어느 정도는 네 의견에 동의한다.

may as well ~하는 편이 좋다; ~해도 무방하다, 괜찮다

You *may as* well give up smoking.
당신은 담배를 끊는 것이 좋겠습니다.
You *may as well* use my cell phone.
내 휴대 전화를 사용해도 괜찮다.

because of ~ 때문에

Because of heavy rain we put off our picnic. **put off** 연기하다
폭우 때문에 우리는 야유회를 연기했다.

- because of 다음에는 (동)명사가, because 다음에는 절이 온다.

in terms of ~의 견지에서(=in view of), ~에 의해서

She judges everyone *in terms of* her own standards. **standard** 표준, 기준
그녀는 모든 사람을 자기 자신의 잣대로 판단한다.

find out 알아내다; (조사 · 관찰 등의 결과)를 찾아내다, 발견하다

How did you *find out* my new address?
내 새 주소를 어떻게 알아냈니?

- find out은 연구, 조사 등으로 사물을 발견할 때 쓰며, 그렇지 않을 때에는 find를 쓴다.

ex) Did you ever *find* that pen you lost? 언젠가 잃어버린 펜을 찾았니?

watch out 경계[조심, 감시]하다(=be careful)

I told her to *watch out* for cars.
나는 그 여자에게 차를 조심하라고 말했다.
Watch out! A car is coming.
조심해요! 차가 와요.

hand in (서류 등)을 제출하다

Please *hand in* your answer by Tuesday.
화요일까지 답안지를 제출하세요.

dance with ~와 춤을 추다

Would you like to *dance with* me?
저와 춤추실까요?
- **dance with grace** 우아하게 춤추다

keep ~ out of[from] … ~을 …에 들어오지 못하게 하다

Keep that dog *out of* my room.
저 개를 내 방에 들어오지 못하게 하세요.
Shut the window and *keep* the *cold* out.
창문을 닫아 찬 공기가 들어오지 않도록 하세요.
- **prevent ~ from** … 사람 · 물건이 …하는 것을 방해하다, 막다

say to oneself 중얼거리다, 혼잣말을 하다

"I can't live without him." she *said to herself.*
"나는 그이 없이 살 수 없어."라고 그녀는 중얼거렸다.

숙어 SPECIAL because of에 of가 붙는 이유

in, on, at, about, for, to 등을 전치사라고 합니다. of 역시 전치사의 한 종류입니다. 전치사 다음에는 언제나 명사가 와야 합니다(전치사 + 명사).
because는 종속접속사이므로 그 다음에 문장이 와야 합니다. 따라서 주어와 동사가 필요합니다(because + 주어 + 동사).

Because he is poor, he cannot buy the car.
그는 가난하기 때문에 그 차를 살 수 없다.
because of는 of가 전치사이므로 그 다음에 명사형이 와야 합니다. 따라서 그 앞에는 '~때문에' 라는 의미의 because of가 와야 합니다.
Because of his poverty, he cannot buy the car.
가난 때문에 그는 그 차를 살 수 없다.

42nd Day Test

1 우리말과 같은 뜻이 되도록 빈 칸에 들어갈 알맞은 말을 쓰시오.

1. 그의 이야기는 일부분 사실이다.
   His story is ____________ part true.
2. 그는 사직서를 제출했다.
   He ____________ in his resignation. **resignation** 사직서
3. 나는 밤새 그녀와 춤을 추었다.
   I danced ____________ her all night.
4. "저것이 옳을 리가 없어!" 라고 나는 혼잣말로 중얼거렸다.
   I ____________ to myself "That can't be right!"

2 빈 칸에 들어갈 알맞은 말을 〈보기〉에서 찾아 그 기호를 쓰시오.

〈보기〉			
	A. may as well	B. find out	C. in part
	D. in terms of	E. because of	F. hand in

1. He considers everything ____________ money.
   그는 만사를 금전 면에서 생각한다.
2. Do you want to call and ____________?
   전화를 걸어서 알아보시겠어요?
3. We ____________ sit down.
   우리는 앉는 것이 좋겠습니다.
4. ____________ rain, there was no baseball game.
   비 때문에 야구 경기가 없었다.

3 우리말은 영어로, 영어는 우리말로 옮기시오.

1. What has kept you out of helping her?
2. 차 조심하세요.

해답 1 1. in 2. handed 3. with 4. said 2 1. D 2. B 3. A 4. E 3 1. 어째서 당신은 그녀를 아직 도와주고 있지 않나요? 2. Watch out for cars.

43rd Day

keep up ~을 계속하게 하다, 계속하다

Are you still *keeping up* morning exercises?
너는 아직 아침 운동을 계속하고 있니?

- **keep up with** 뒤지지 않다
  ex) I can't *keep up with* you! 나는 당신을 따라잡을 수 없어요!

hang around[about] 서성거리다, 배회하다

I was *hanging around* outside my house.
나는 집 밖을 서성이고 있었다.
I don't like you *hanging around* the streets after dark.
난 네가 어두워진 후에 거리를 돌아다니는 거 좋아하지 않아.

pay attention to ~에 주의를 기울이다, 신경을 쓰다

I didn't *pay attention to* the teacher.
나는 선생님의 말씀에 주의를 기울이지 않았다.

- **pay close attention to** ~에 면밀한 주의를 기울이다

say goodbye to ~에게 작별 인사를 하다

Now you want to *say goodbye to* me.
이제 당신은 나에게 작별을 고하려고 하는군요.

pay for ~에 대해 지불하다

She expected me to *pay for* her ticket.
그녀는 내가 표 값을 내기를 기대했다.
How much did you *pay for* your hat?
당신 모자는 얼마를 주었어요?

- You will ***pay for*** it! 어디 두고 보자!

in the dark 어두운 데에(서); 모르고; 비밀로

Why are you sitting alone *in the dark*?
어두운 곳에서 왜 혼자 앉아 있어?
He kept his family *in the dark* about the accident.
그는 그 사고에 대해서 가족에게 비밀로 했다.

may well ~하는 것도 당연하다

You *may well* ask why.
네가 이유를 묻는 것도 당연하다.

- **as well** ~하는 것이 좋은
  ex) It would be *as well* to phone and say we may be late.
  전화해서 우리가 늦을지도 모른다고 말하는 것이 좋겠다.

be thankful to ~에게 감사하다

They *were thankful to* God for the new land.
그들은 새 땅을 준 데 대해서 신에게 감사했다.

catch fire 불이 붙다

She was standing too close to the fireplace and her dress *caught fire*.
그녀가 난로에 너무 가까이 서 있어서 드레스에 불이 붙었다.

- **catch fire easily** 바로 불이 붙다

go to bed 잠자리에 들다

Remember to turn out the lights before you *go to bed*.
자러 가기 전에 잊지 말고 불을 끄세요.

숙어 SPECIAL pay A for B가 pay for로 굳어진 이유

pay for에서 동사 pay 뒤에는 돈이 나와야 합니다. 그리고 전치사 for 뒤에는 '~에 대한 대가' 라는 항목이 나옵니다. 즉, 'pay+돈+for+대가' 의 형태가 되겠지요.

You have to *pay* a high premium *for* express delivery.
속달 배달에는 높은 할증료를 내야 한다.

그러나 보통 지불한 돈의 액수가 중요하지 않거나 돈의 지불은 당연히 전제될 때가 많습니다. 우리 나라에서도 '나 책 샀다.' 고 하지, '나 책을 천 원에 샀다.' 라고 말하지는 않습니다.

따라서 영어에서도 pay for라는 표현이 굳어진 것입니다. 그러나 pay 다음에 돈의 액수나 그와 유사한 가치 있는 것을 필요에 따라 표시해 주는 경우도 있습니다.

You get what you *pay for*.
돈을 지불한 것 이상은 기대할 수 없다.(싼 게 비지떡이다.)

43rd Day Test

1 다음 우리말과 같은 뜻이 되도록 빈 칸에 들어갈 알맞은 말을 쓰시오.

1. 계속 열심히 해라!
   Keep ____________ the good work!
2. 그들은 매일 여기서 서성거리고 있습니다.
   They ____________ around here every day.
3. 도와 주셔서 감사합니다.
   I am ____________ to you for your help.
4. 대학 생활에 작별을 고하는 일은 힘들었다.
   It was hard to say ____________ to college life.

2 빈 칸에 들어갈 알맞은 말을 〈보기〉에서 찾아 그 기호를 쓰시오.

〈보기〉			
	A. may well	B. keep up	C. pay attention to
	D. pay for	E. hang around	F. in the dark

1. Let me ____________ mine.
   제 것은 제가 지불할게요.
2. All the lights went out and we were left ____________ .
   불이 다 꺼지고 우리는 어둠 속에 남겨졌다.
3. You ____________ say so.
   자네가 그렇게 말하는 것도 무리가 아니다.
4. Please ____________ what I say.
   내가 하는 말에 주의를 기울여 주세요.

3 우리말은 영어로, 영어는 우리말로 옮기시오.

1. 나는 어제 늦게 잠자리에 들었다.
2. Love is friendship that has caught fire.

해답

1 1. up 2. hang 3. thankful 4. goodbye 2 1. D 2. F 3. A 4. C 3 1. I went to bed late yesterday. 2. 사랑은 불붙은 우정과 같은 것이다.

44th Day

wave at ~에게 손을 흔들다(=wave to)

Someone is *waving at* her from the window.
누군가가 창문에서 그녀에게 손을 흔들고 있다.
I *waved at* him, and he waved back.
그에게 손을 흔들었더니 그도 손을 흔들어 답을 했다.

- at은 목표, 대상을 나타낸다.
  ex) The dog barks *at* strangers.
  개는 낯선 사람을 보면 짖는다.
  bark (개 · 여우 따위가) 짖다; 짖는 듯한 소리를 내다

on fire 불타는

His heart was *on fire*.
그는 심장이 불붙는 것 같았다.

say hello to ~에게 안부 인사를 하다

Please *say hello* to Jin-su for me.
진수에게 내 대신 안부 좀 전해 주세요.

watch over ~을 돌보다; ~을 지켜보다

They *watched over* him like a treasure. **treasure** 보물
그들은 그를 보물처럼 지켰다.
Could you *watch over* my clothes while I have a swim?
내가 수영하는 동안 제 옷 좀 봐 주시겠어요?

out of date 시대에 뒤떨어진, 구식의(=old-fashioned); 기한이 지난

The machine is *out of date*.
그 기계는 구식이다.
My passport is *out of date*.
내 여권은 기한이 지났다

- **up to date** 최신의, 현대적인
  ex) Are the prices *up to date*?
  가격은 최근의 것인가요?

kind of 어느 정도, 다소

I feel *kind of* sorry for him.
나는 그에게 약간 미안한 마음이 든다.

talk with ~와 대화하다, 상담하다

What is it you want to *talk with* me about?
나랑 얘기하고 싶은 게 뭐예요?

keep out 밖에 있다, 안에 들어가지 않다

Keep out! 《게시》 출입 금지!
Please *keep out* of that room. 저 방에는 들어가지 마세요.

Don't mention it. 천만에요.

"You are so kind!" "*Don't mention it*."
"당신은 정말 친절하시군요!" "뭘요."
• 미국에서는 "You're welcome."을 일반적으로 쓴다.

hang on 매달리다, 꽉 잡다

Hang on to that rope and don't let go.
그 밧줄을 꼭 잡고 놓지 마라.

숙어 SPECIAL talk with와 talk to의 구별

talk with와 talk to는 모두 '누구와 이야기하다' 라는 뜻이지만, talk with는 '~와 이야기를 나누다' 라는 말이고, talk to는 '~에게 말을 걸다' 라는 의미를 내포하는 말입니다.

- **talk with** : ~와 함께 상의하다, 토론하다 → 부드럽게 서로 오가듯 대화하는 느낌이 듭니다.
  I had a good *talk with* him for several hours.
  그와 몇 시간이나 즐거운 이야기를 나누었다.
- **talk to** : ~와 함께 대화하다, ~에게 말을 걸다 → 내가 누구에게 말을 하는 상황으로, with를 쓸 때보다는 약간 일방적인 느낌이 듭니다.
  You can' t *talk to* me like that.
  당신이 나한테 그런 식으로 얘기할 수는 없어요.

- **talk about** ~에 대해 이야기하다(어떤 주제에 대해 이야기를 나누는 것)
  ex) I had to *talk about* it with him.
  나는 그와 그것에 대해 이야기를 해야 했다.

44th Day Test

1 우리말과 같은 뜻이 되도록 빈 칸에 들어갈 알맞은 말을 쓰시오.

1. 그 집은 불타고 있다.
   The house is ____________ fire.
2. 그들이 도로 건너편에서 우리에게 손을 흔들었다.
   They ____________ at us from across the road.
3. 아버지께 안부 전해 주세요.
   Say ____________ to your father.
4. 제가 잘 돌봐 줄게요.
   I will watch ____________ you.

2 빈 칸에 들어갈 알맞은 말을 〈보기〉에서 찾아 그 기호를 쓰시오.

〈보기〉	A. out of date	B. wave at	C. keep out
	D. talk with	E. go to bed.	F. kind of

1. This car is now ____________ .
   이 차는 어제 구식이다.
2. I am ____________ sad that I didn't win.
   내가 못 이겨 좀 슬프다.
3. I need to have a serious ____________ you.
   당신과 심각하게 의논할 게 있어요.
4. I stayed indoors to ____________ of the rain.
   나는 비를 피해 집안에 있었다.

3 우리말은 영어로, 영어는 우리말로 옮기시오.

1. 내 여권은 기한이 지났다.
2. Don't mention it. It's my job I have to do.

해답 1 1. on 2. waved 3. hello 4. over 2 1. A 2. F 3. D 4. C 3 1. My passport is out of date. 2. 별 말씀을 다 하십니다. 제가 꼭 해야 할 일인데요.

45th Day

all the way 줄곧, 계속하여; 전적으로; 멀리(서)

If you run *all the way*, you'll get there in time.
줄곧 달려가면 시간 내에 그 곳에 도착할 것이다.
We'll support you *all the way*.
우리는 너를 전적으로 지지할 것이다.
Did you come *all the way* from Busan?
부산에서 그 먼 길을 왔단 말인가요?

you see 아시겠죠 (무엇을 설명할 때)

You see, he's a good friend of ours.
알겠지, 그는 우리의 좋은 친구야.

- you see는 문장의 처음 · 가운데 · 끝에 두고 상대방의 주의를 촉구하는 데에 쓴다.

first of all 첫째로, 우선, 무엇보다 먼저

First of all, let's eat something.
무엇보다 먼저 무엇 좀 먹읍시다.

pick out ~을 골라내다(=choose); 분간하다, 식별하다; ~을 선발하다

I can *pick out* the real one from the imitations.
나는 모조품 사이에 섞인 진짜를 식별할 수 있다.
He was *picked out* from thousands of applicants for the job.
그는 그 일자리에 응모한 수천 명 가운데서 선발되었다. **applicant** 지원자

bear[keep] in mind ~을 기억하고 있다, 잊지 않다

Bear in mind that the deadline is tomorrow.
마감 날짜가 내일이란 것을 명심해라.
deadline 넘지 못할 선, 사선; 마감 시간

do[try] one's best 최선[전력]을 다하다.

Do your best!
최선을 다 하세요!
I did my best to help her.
난 그녀를 도우려고 최선을 다했다.

see a doctor 의사의 진찰을 받다

You want to *see a doctor* at once.
당신은 바로 병원에 가봐야겠네요.

- **at once** 곧, 즉시, 대번에(=instantly) **all at once** 갑자기; 일제히
  ex) *All at once* it began to rain.
  갑자기 비가 내리기 시작했다.

in kind 본질적으로; (돈 대신) 물건으로; 같은 종류의 것으로

They differ in size but not *in kind*.
그것들은 크기는 다르나 성질은 같다.

hang up 전화를 끊다; ~을 (벽 등에) 걸어놓다

Will you *hang up* and wait, please?
전화를 끊고 기다려주세요.
You must not *hang up* the raincoat on the wall.
우비를 벽에 걸어서는 안 된다.

thanks to ~의 덕택으로; ~ 때문에

Thanks to your help, the party was a great success.
당신의 덕택으로 파티가 성공리에 치러졌습니다.

숙어 SPECIAL first of all에 담겨진 뜻

first of all은 '시작하자면, 말하자면' 이라는 뜻입니다. all이 '모두' 라는 뜻이고 first가 '첫 번째' 라는 뜻이므로 first of all은 '전체 중 첫 번째, 전체 중 먼저' 라는 의미이고, 따라서 '무엇보다도 먼저' 라는 뜻이 됩니다.

First of all, I'd like to introduce Mr. Brown!
먼저 저는 브라운 씨를 소개하고 싶습니다.
First of all, it's important to be healthy.
무엇보다도, 건강한 것이 중요하다.
first of all은 대개 연설을 시작할 때 처음으로 말할 주제를 표현할 때 사용되기도 합니다.

45th Day Test

1 우리말과 같은 뜻이 되도록 빈 칸에 들어갈 알맞은 말을 쓰시오.

1. 나는 항상 최선을 다할 것이다.
   I will always try my ____________ .
2. 이렇게 한단 말이야, 알았지.
   It's like this, you ____________ .
3. 그녀의 덕택으로 나는 꽃 재배하기를 대단히 좋아한다.
   Thanks ____________ her, I like growing flowers very much.
4. 우리는 당신이 지원한 것을 기억해 두겠습니다. **application** 지원
   We will certainly ____________ your application in mind.

2 빈 칸에 들어갈 알맞은 말을 〈보기〉에서 찾아 그 기호를 쓰시오.

〈보기〉			
	A. see a doctor	B. all the way	C. thanks to
	D. in kind	E. pick out	F. hang up

1. It's easy to ____________ the meaning of this story.
   이 이야기는 뜻을 이해하기가 쉽다.
2. You had better go and ____________ .
   의사에게 가서 진찰을 받아보는 것이 좋겠다.
3. I ran ____________ from my house to school.
   나는 집에서 학교까지 줄곧 달렸다.
4. The farmer sometimes used to pay me ____________ .
   그 농부는 때때로 내게 물건으로 값을 지불하곤 했다.

3 우리말은 영어로, 영어는 우리말로 옮기시오.

1. 전화 끊지 마세요.
2. First of all we had dinner, then we went to a movie.

해답

1 1. best 2. see 3. to 4. bear 또는 keep 2 1. E 2. A 3. B 4. D 3 1. Please, don't hang up the phone. 2. 우선 우린 저녁을 먹었고, 그 다음엔 영화를 보러 갔어요.

46th Day

pick up ~을 들어 올리다, 집어 들다; 차에 태우다

He *picked up* a heavy stone.
그는 무거운 돌을 들어 올렸다.
My dad came to *pick* us *up* at the airport.
아빠가 우리를 태워 가기 위해 공항에 오셨다.

the last few days 지난 며칠 간

Where have you been for *the last few days*?
며칠 동안 어디 계셨어요?

make the best of ~을 최대로 이용하다

You'd better *make the best* of your knowledge.
네 지식을 최대한 이용하는 게 좋겠다.

at first 처음에는

At first, I did not like him. 처음에 나는 그를 좋아하지 않았다.
At first the place was strange to me. 처음에는 그곳이 내게 낯설었다.

- **at first hand** 직접, 직통으로 **at first sight** 첫눈에, 즉시
  at first thought 언뜻 생각하기에는

never mind (보통 명령형으로) 걱정 마라.

There, there! *Never mind*, you'll soon feel better.
자, 자! 걱정 마. 곧 괜찮아질 거야.

knock down[over] ~를 때려눕히다

She *knocked* him *down*.
그 여자는 그를 때려눕혔다.

day after day 매일, 날이면 날마다

I am wasting away in body *day after day*.
나는 나날이 쇠약해지고 있다.

- **waste away** 쇠약해지다

by the way　그건 그렇고; 길가에서; 도중에서

By the way, have you seen him yet?
그런데 당신은 벌써 그를 만났습니까?
By the way, can I bring my sister with me?
그건 그렇고, 내 동생을 데려와도 되겠니?
We spent a night in a small village *by the way*.
우리는 도중에 작은 마을에서 하룻밤을 보냈다.

happen to　~에게 (어떤) 일이 일어나다

I hope that good things always *happen to* you.
당신에게 항상 좋은 일만 생겼으면 좋겠습니다.
I am afraid something may *happen to* the children.
나는 아이들에게 무슨 일이 일어날까 봐 두렵다.
- happen과 비슷한 뜻을 가진 동사로는 seem, tend, appear 등이 있다.

up to date　최신의, 현대적인(=modern, new-fashioned)

The record is most *up to date*.
그 기록은 최신의 것이다.
She wears clothes that are right *up to date*.
그녀는 최신 유행하는 옷을 입는다.

숙어 SPECIAL　happen to의 해석 문제

What's *happen to* him?
위의 예문을 '그 사람에게 무슨 일이 우연히 일어난 거야?' 라고 해석하면 매우 어색합니다. '그에게 무슨 일이 생긴 거야?' 라고 해석하는 것이 훨씬 더 자연스럽지요. 영어만 그런 것이 아니라 우리말로 놓고 봐도 '우연히' 라는 말은 위의 예문을 이해하는 데 무시해도 지장이 없는 것인데, 굳이 정해진 공식인 것처럼 받아들이다 보니 해석이나 문장의 의미를 이해하는 데 장애를 초래하게 된 것입니다.
위의 예문은 대화체로서는 인정할 수 있을지 몰라도 문어체 문장으로는 아주 안 좋은 문장입니다. '우연히' 라는 사족까지 따라붙으니 간단한 문장임에도 해석하기가 참 곤란한 경우입니다.

46th Day Test

1 우리말과 같은 뜻이 되도록 빈 칸에 들어갈 알맞은 말을 쓰시오.

1. 그는 버스에 치었다.
   He was knocked ____________ by a bus.
2. 그런데 당신 이름이 뭐라고 하셨나요?
   What did you say your name was, by the ____________?
3. 나는 식당에서 계산서를 집었다.
   I picked ____________ a bill in the restaurant. **bill** 계산서
4. 그녀는 확실히 자신의 기회를 최대한 이용했다.
   She's certainly made the ____________ use of her opportunities.

2 빈 칸에 들어갈 알맞은 말을 〈보기〉에서 찾아 그 기호를 쓰시오.

〈보기〉			
	A. day after day	B. knock down	C. up to date
	D. never mind	E. hang up	F. at first

1. ____________ he hardly spoke.
   처음에 그는 거의 말이 없었다.
2. ____________ about that.
   그 일은 신경 쓰지 마시오.
3. The record is ____________ .
   그 기록은 최신의 것이다.
4. ____________ she waited for him to telephone her.
   매일매일 그녀는 그가 전화를 해주기만을 기다렸다.

3 우리말은 영어로, 영어는 우리말로 옮기시오.

1. 당신에게 무슨 일이 생겼나요? **riot** 폭동
2. In the last few days there have been riots all round the country.

해답

1 1. down 2. way 3. up 4. best 2 1. F 2. D 3. C 4. A 3 1. What happened to you?
2. 마지막 며칠간 전국에 폭동이 일어났다.

47th Day

be better off　보다 나은 상태에, 보다 잘 살다

They *are* much *better off* than before.
그들은 이전보다 훨씬 더 잘 산다.
- be better off는 be well off의 비교급이다.

by way of　~을 지나서, ~을 경유하여(=via)

He went to Paris *by way of* Rome.
그는 로마를 거쳐 파리에 갔다.
She came here *by way of* Tokyo.
그녀는 도쿄를 경유하여 여기 왔다.

in place　제자리에, 적소에; 그 자리에

Carefully put them *in place*.
그것들을 조심해서 제자리에 놓으세요.
- **in place of** ~대신에(=instead of)
  ex) Pronoun is used *in place of* a noun. 대명사는 명사 대신 사용된다.

know A from B　A와 B를 구별할 수 있다(=be able to differentiate)

They are so alike that I hardly *know* one *from* the other.
그들은 너무 닮아서 누가 누구인지 거의 구별할 수 없다.
You should *know* right *from* wrong.
당신은 옳고 그른 것을 구별할 수 있어야 합니다.

day and night　밤낮으로, 주야로

He telephones me *day and night*.
그는 밤낮을 가리지 않고 내게 전화를 건다.

set one's mind　마음을 굳히다, 결심하다

He *sets his mind* to be honest.
그는 정직해지려고 결심했다.
You can do everything if you *set your mind* to it.
당신은 마음만 먹으면 무엇이든 할 수 있어요.

be fond of　~을 좋아하다

I'*m fond of* going to the movies.
나는 영화관에 가는 것을 좋아한다.
- be fond of에는 '~하는 나쁜 버릇이 있다[doing]' 는 구어 뜻도 있다.

the rest of ~의 나머지

He's behind *the rest of* the class in reading.
그는 읽기에서는 반에서 꼴찌이다.

hardly ever 좀처럼 ~하지 않다

We *hardly ever* go out in the evening.
우리는 저녁에는 좀처럼 외출하지 않는다.
I am sure it is *hardly ever* cleaned.
거의 청소된 적이 없다는 것을 저는 확신합니다.

It seems that ~처럼 보이다; ~한 듯하다

It seems that they are happy.
그들은 행복한 것처럼 보인다.

숙어 SPECIAL

set one's mind에서 set의 의미

set one's mind는 set의 여러 가지 뜻 중에서 '어떤 상태로 되게 하다'의 의미가 강합니다. set은 기본적으로는 '놓다'의 뜻이고, '배치하다, 갖다 대다'의 뜻이 있으며, '조절하다, 문제를 내다, 일을 부과하다, 어떤 상태로 되게 하다, 사람을 앉히다, 해 · 달이 지다, 세력이 기울다, 쇠하다' 등 여러 가지 뜻을 갖고 있습니다.
set은 동사, 형용사, 명사로 사용되는데, 특히 동사는 자동사, 타동사 모두로 사용됩니다. set으로는 문장의 1~5형식을 전부 만들 수 있습니다.

- **1형식** : The sun *sets* in the west.
  해는 서쪽으로 진다.
- **2형식** : The autumn weather has *set* fair.
  가을에는 좋은 날씨가 계속될 것 같았다.
- **3형식** : She *set* a glass on a table.
  그는 유리잔을 테이블 위에 놓았다.
- **4형식** : He *set* me a difficult question.
  그는 내게 어려운 문제를 냈다.
- **5형식** : They *set* a prisoner free.
  그들은 죄수를 석방하였다.

47th Day Test

[1] 우리말과 같은 뜻이 되도록 빈 칸에 들어갈 알맞은 말을 쓰시오.

1. 그녀는 병원에 가는 것이 나을 것이다.
   She would be better ____________ going to the hospital.
2. 우리는 하와이를 경유해서 뉴욕으로 갔다.
   We went to New York ____________ way of Hawaii.
3. 그는 아직까지도 옳고 그른 것을 구별하지 못한다.
   He doesn't ____________ right from wrong yet.
4. 그는 그곳에 없었던 것 같다.
   It ____________ that he was not there.

[2] 빈 칸에 들어갈 알맞은 말을 〈보기〉에서 찾아 그 기호를 쓰시오.

〈보기〉	A. in place	B. by way of	C. the rest of
	D. is fond of	E. hardly ever	F. day and night

1. She ____________ traveling.
   그녀는 여행하기를 좋아한다.
2. He spent ____________ his life in prison.
   그는 여생을 감옥에서 보냈다.
3. I ____________ see them nowadays.
   나는 요즘에는 그들을 본적이 거의 없다.
4. Leave everything ____________ , just as it was when we arrived.
   모든 것을 우리가 도착했을 때 그대로 제자리에 두세요.

[3] 우리말은 영어로, 영어는 우리말로 옮기시오.

1. You could be a very good writer if you set your mind to it.
2. 그것은 하루 밤낮이 걸립니다.

해답

[1] 1. off 2. by 3. know 4. seems [2] 1. D 2. C 3. E 4. A [3] 1. 당신은 글쓰기에 전념하면 아주 훌륭한 작가가 될 수 있을 것입니다. 2. It takes all day and night.

48th Day

in place of ~의 대신에(=in stead of)

Will you go to the meeting *in place of* me?
저 대신에 그 모임에 가주시겠습니까?

sell out 다 팔다, 매진되다

The tickets *sold out* within a day.
표는 하루 만에 다 팔렸다.

miss out ~을 빠뜨리다; 놓치다

Don't *miss out*!
기회를 놓치지 마세요!
You *missed out* on a good opportunity.
당신은 좋은 기회를 놓쳤어요.

- **miss out on** ~의 기회를 놓치다; ~을 얻지 못하다
  ex) Shame to *miss out on* the best prize.
  최고상(을 받을)의 기회를 놓치는 것이 유감스럽습니다.

don't have to ~할 필요가 없다(=need not)

You *don't have to* work so late.
그렇게 늦게까지 일하지 않아도 됩니다.
You *don't have to* worry about that.
너무 그 일로 조바심할 필요는 없다.

the same way 마찬가지로

I feel *the same way*.
나도 마찬가지 생각입니다.
It came out *the same way* as it had done before.
그것은 전과 같은 결과가 되었다.

in no way 결코[조금도] ~않다

He is *in no way* to blame.
그는 조금도 잘못한 것이 없다.
She was *in no way* to blame.
그녀는 전혀 비난 받을 일이 없다(책임이 없다).

- **no way** 조금도 ~ 않다; (요구 · 제안 따위 등이) 안 되다

had better+동사원형 ~하는 편이 좋다

You *had better* take a rest.
당신은 쉬는 게 낫겠습니다.

- 'had better ~'는 주어가 2인칭일 때 권유의 뜻을 나타내지만 손윗사람에게는 쓰지 않는 것이 좋다.

day by day 날마다, 매일

Day by day she learnt more about her job.
나날이 그녀는 자기 직장에 대해 더 많이 배워 갔다.

make a fool of ~을 바보 취급하다, 기만하다(=play a trick on)

They *made a fool of* her.
그들은 그 여자를 놀렸다.

- **make a fool of a person** ~을 놀리다, 웃음거리로 만들다
  make a fool of oneself 바보짓을 하다, 웃음거리가 되다
  ex) Stop *making a fool of yourself.*
  바보짓으로 웃음거리가 되는 일을 그만두어라.

for all I know 잘은 모르지만, 아마

For all I know he's still living in Busan.
아마 그는 아직도 부산에서 살고 있을 것이다.

숙어 SPECIAL had better의 과거?

한 마디로 말해 had better의 과거는 없습니다. had better가 조동사처럼 사용되기 때문입니다. 그렇지만 과거의 의미를 나타낼 수는 있습니다. 'had better+동사원형' 이므로 뒤에 과거의 의미를 나타내 주는 현재분사를 쓰면 됩니다. had better have done ~(~ 하였더라면 더 나았다)과 같이 과거의 뜻은 만들 수 있습니다.
had better의 의미는 '~하는 것이 낫다' 정도의 뜻입니다. 결국, 넓게는 had better, must, have to, have got to, ought to, should 등이 모두 비슷한 의미를 갖습니다. had better가 일반적으로 should나 ought to보다는 좀 더 강력한 의미로 사용되는 편이지만, '꼭 ~해야 한다' 라는 식의 강력한 의미를 갖고 있지는 않습니다.

48th Day Test

1 우리말과 같은 뜻이 되도록 빈 칸에 들어갈 알맞은 말을 쓰시오.

1. 우리는 민호 대신에 진수를 초대했다.
   We invited Jin-su in ____________ of Min-ho.
2. 그 시합은 관람권이 매진되었다.
   The match was completely ____________ out.
3. 노크할 필요 없어요. 그냥 들어와요.
   You don't ____________ to knock, just walk in.
4. 그녀는 나날이 약해져 간다.
   She is weakening day ____________ day.

2 빈 칸에 들어갈 알맞은 말을 〈보기〉에서 찾아 그 기호를 쓰시오.

〈보기〉			
	A. in no way	B. the same way	C. day by day
	D. had better	E. for all I know	F. miss out

1. I know. I feel ____________ .
   알아. 나도 똑같이 느끼고 있어.
2. The situation is ____________ serious.
   사태는 결코 심각하지 않다.
3. You ____________ go by subway.
   지하철을 타고 가는 것이 낫겠다.
4. He may be a good man ____________ .
   그는 의외로 좋은 사람일지도 모른다.

3 우리말은 영어로, 영어는 우리말로 옮기시오.

1. If I don't go to the party, I'll feel I'm missing out.
2. 그는 나를 웃음거리로 만들었다.

해답 1 1. place 2. sold 3. have 4. by 2 1. B 2. A 3. D 4. E 3 1. 제가 그 파티에 가지 않으면 좋은 기회를 놓친다는 기분이 들 거예요. 2. He made a fool of me.

49th Day

in the way 앞길에 방해가 되어 (↔ out of the way)

I'm afraid your bike is in the way.
당신의 자전거가 길을 막고 있는 것 같군요.

have a discussion about ~에 대해 토의하다(=discuss, talk about)

The had a discussion about their science projects.
그들은 과학 과제에 관해서 토의했다.

- 동사 discuss는 타동사이므로 about을 붙이지 않는다.

know of ~의 일을 들어서 알고 있다; ~에 대해서 알고 있다

I *know of* a shop where you can get things cheaper.
나는 물건을 더 싸게 살 수 있는 가게를 알고 있다.

but then 그러나 (한편으로는)

I might go to the party, *but then* again I might not.
내가 그 파티에 갈 수도 있고 또 못 갈 수도 있어.

on foot 걸어서, 도보로

He goes to school *on foot*.
그는 걸어서 학교에 다닌다.

- **on one's feet** (경제적으로) 독립하여; 일어나서, 회복하여; 일 등을 계속 하는[계속할 수 있는]

one of these days 근일 중에, 근간에

One of these days he'll realize what a fool he's been.
조만간에 그는 자기가 얼마나 바보였는지를 깨달을 것이다.

at the moment 지금

He is busy *at the moment*.
그는 지금 바쁘다.
At the moment you called I was about to call you.
네가 전화했을 때, 나는 너한테 전화를 걸고 있었어.

- **at any moment** 언제라도

out of place 제자리에 있지 않은, 부적절한

I felt completely *out of place* among these people.
나는 이 사람들 속에서 내가 너무나도 부적절하다는 것을 느꼈다.
At first you'll feel *out of place*.
처음에는 서먹서먹하게 느끼실 거예요.
I felt so *out of place*.
분위기에 어울릴 수 없었어요.

send A to B B에게 A를 보내다

We *sent* a letter *to* him.(We sent him a letter.)
우리는 그에게 편지를 보냈다.
I'd like to *send* a telegram *to* Seoul. **telegram** 전보
서울로 전보를 치고 싶은데요.

have a good idea 좋은 생각이 떠오르다

I *have a good idea* for doing it.
그것을 하는 좋은 생각이 떠올랐다.

- I *had no idea* it was so difficult. 그것이 그렇게 어려운지 몰랐다.

숙어 SPECIAL on foot만 맞고, by foot은 틀린 표현?

다른 모든 교통 수단은 by bus, by bicycle 등과 같이 앞에 by가 붙는데, 왜 발을 이용하는 것은 by foot이라고 안 할까요?

보통 교통 수단을 이용할 때에는 'by taxi(택시로 가다)', 'by airplane(비행기로 가다)', 'by subway(지하철로 가다)' 등 '가다'란 뜻이지만, '발을 이용하다'는 '걸어서'란 뜻이 따로 있기 때문에, 보통 on foot이라고 씁니다.

Some people came *by car*, others came *on foot*.
일부 사람들은 자동차로 오고, 다른 사람들은 걸어서 왔다.

49th Day Test

1 우리말과 같은 뜻이 되도록 빈 칸에 들어갈 알맞은 말을 쓰시오.

1. 길을 막고 서있지 마시오.
   Don't stand in the ____________ of progress.
2. 그 문제에 관해서는 충분한 토의가 있었다.
   There has been enough discussion ____________ the problem.
3. 당신을 안내할 사람을 보내드리겠습니다.
   I will ____________ someone to show you around.
4. 내가 비록 그를 알긴 하지만 개인적으로는 잘 모른다.
   I don't know him personally, though I know ____________ him.

2 빈 칸에 들어갈 알맞은 말을 〈보기〉에서 찾아 그 기호를 쓰시오.

〈보기〉			
	A. on foot	B. in the way	C. out of place
	D. one of these days	E. but then	F. at the moment

1. ____________, I'd like to take a vacation.
   나는 근일 중에 휴가를 얻고 싶다.
2. His arty clothes look ____________ in the office.
   그의 예술품 같은 옷은 사무실에선 어울리지 않는다.
3. I went there ____________.
   나는 걸어서 거기에 갔다.
4. I'm in a wonderful mood ____________.
   나는 지금 기분이 참 좋다.

3 우리말은 영어로, 영어는 우리말로 옮기시오.

1. 우리에게 좋은 생각이 있어요.
2. He speaks very good Spanish, but then he have lived in Madrid for three years.

해답

1 1. way 2. about 3. send 4. of 2 1. D 2. C 3. A 4. F 3 1. We have a good idea. 2. 그는 스페인어를 아주 잘 한다. 그도 그럴 것이 그는 마드리드에서 3년을 살았다.

50th Day

between A and B　A와 B 사이에

His shirt is *between* red *and* violet.
그의 셔츠는 빨간색과 보라색의 중간색이다.

the day after tomorrow　모레

If today is Monday, *the day after tomorrow* will be Wednesday.
오늘이 월요일이면 모레는 수요일이다.

out of the[one's] way　방해가 안 되는 곳에; ~이 미치지 못하는 곳에

Get *out of the way*!
비켜라!
Keep it *out of* harm's *way*.
그것을 안전한 곳에 두어라.
• **slightly** ***out of the way*** 약간 정상을 벗어난

for all　~에도 불구하고; ~을 고려하더라도

For all his riches, he is not happy.
그렇게 돈이 많아도 그는 행복하지 않다.

play at　(놀이, 경기 등)을 하다; ~을 장난삼아 하다(=amuse oneself)

He *played at* the ball and missed.
그는 공을 쳤지만 빗맞혔다.
• **play at (being) soldiers** 병정놀이를 하다

for the moment　당분간, 당장은; 잠깐

I have nothing to do *for the moment*.
나는 당분간 할 일이 없다.
Anyhow, let's forget about that *for the moment*.
어쨌든 그것은 당분간 잊어버리자.

then and there　그 때 그 자리에서(=there and then), 즉석에서; 즉시

I bought it *then and there*.
나는 즉석에서 그것을 샀다.

send for ~를 부르러 보내다, 가지러 보내다

Send for a taxi as quickly as you can.
가능한 한 빨리 택시를 부르러 보내시오.
He was so ill that we had to *send for* a doctor.
그가 너무 아파서 우리는 의사를 부르러 보내야 했다.
- **send for a doctor** 의사를 부르다

stand for 상징하다, 약자를 나타내다; 참다

What does the IMF *stand for*?
IMF는 무엇의 약자입니까?
I won't *stand for* it.
나는 그 일을 참을 수 없었다.

on account of ~의 이유로(=because of), ~ 때문에

The picnic was postponed *on account of* the rain. **postpone** 연기하다
비가 와서 소풍이 연기되었다.
The game was called off *on account of* snow.
그 경기는 눈 때문에 취소되었다.
- **call off** : 약속이나 예정된 행사를 취소하다

숙어 SPECIAL on account of, since, due to의 미세한 차이

- **on account of**는 '(어떤 이유) 때문에', '(아무)를 위하여' 등의 뜻으로 사용되고, 명사나 명사구를 이끕니다.
  We came *on account of* your sick mother.
  자네 모친의 병환이 염려되어 왔네.
- **since**는 '~하므로(이므로), ~ 까닭에' 의 뜻으로 쓰이는데, 흔히 글머리에 쓰이고, 사실을 전제로 하거나, 이미 분명한 이유를 들 때에 주로 사용합니다.
  Since I was in such a hurry this morning, I didn't bring my homework.
  아침에 너무 서두르는 바람에 숙제를 놓고 갔다.
- **due to**는 '때문에, ~로 인하여(because of)' 의 뜻으로 전치사구로 쓰입니다.
  The accident was *due to* his carelessness.
  그 사고는 그의 부주의로 인하여 일어났다.

50th Day Test

1 우리말과 같은 뜻이 되도록 빈 칸에 들어갈 알맞은 말을 쓰시오.

1. 그녀는 사랑과 의무감 사이에서 갈팡질팡했다.
   She was indecisive ____________ love and duty.
2. 나는 어떤 일이 있어도 그 그림은 팔지 않을 것이다.
   I wouldn't sell that picture for ____________ the world.
3. 이 일에 끼어들지 마세요!
   Stay ____________ of the way.
4. 그것은 무엇의 약자입니까?
   What does it ____________ for?

2 빈 칸에 들어갈 알맞은 말을 〈보기〉에서 찾아 그 기호를 쓰시오.

〈보기〉	A. play at	B. there and then	C. for all
	D. for the moment	E. on account of	F. stand for

1. Let's ____________ pirates. **pirate** 해적
   해적 놀이하자.
2. I forgot it ____________.
   잠깐 잊어버렸다.
3. ____________, they accepted his request.
   그 즉시 사람들은 그의 제안을 받아들였다.
4. ____________ his illness, he could not join us.
   그는 병 때문에 우리와 합류하지 못했다.

3 우리말은 영어로, 영어는 우리말로 옮기시오.

1. Is it possible for this letter to arrive by the day after tomorrow?
2. 우리는 즉시 의사를 부르러 보내야 한다.

해답

1 1. between 2. all 3. out 4. stand 2 1. A 2. D 3. B 4. E 3 1. 내일 모레까지 이 편지가 도착할 수 있을까요? 2. We must send for a doctor at once.

51st Day

under way　진척되어, 진행 중인, (배가) 항해 중인

We have several plans *under way*.
우리는 여러 가지 계획을 진행 중에 있다.

for one thing　우선 첫째로, 우선 한 가지는

For one thing, you should know that.
우선 첫째로 너는 이것을 알아야 한다.
For one thing, I have no money.
우선 첫째로 나는 돈이 없다.

there is[are]　~이 있다

There is a stereo in the living room.
거실에 스테레오가 있다.　▶주어(a stereo)가 단수형이므로 is를 쓴다.
❖ **there is[are]** : be동사에는 '~이다'는 상태를 나타내는 용법과, '~이 있다'는 존재를 나타내는 용법이 있다. 존재를 나타낼 때에는 보통 There is[are] 구문을 사용한다. 구어에서는 there is를 there's, there are를 there're로 단축형을 쓴다.

sit around　빈둥거리다; 빙 둘러 앉다

The workers are *sitting around*.
일꾼들이 하는 일 없이 빈둥거리고 있다.
We were *sitting around* a table.
우리는 테이블에 빙 둘러 앉아 있었다.

have got　~을 가지고 있다(=have)

I *haven't got* a study guide.
나는 참고서가 없다.

make money　돈을 벌다; 부자가 되다

Commerce is all about *making money*.　**Commerce** 상업
상업은 모두 돈을 버는 것과 관련 있다.
❖ **make money one's god** 돈을 최고로 여기다

send out　~을 보내다, 발송하다

Send out the invitations to the party.
파티의 초대장을 보내시오.

A as well as B　B뿐만 아니라 A도

The boy speaks German *as well as* English.
그 소년은 영어뿐만 아니라 독일어도 한다.
I'm interested in poems and essays, *as well as* novels.
나는 소설뿐 아니라 시와 수필에도 흥미가 있다.

a bit　약간, 조금(=a little)

I will be *a bit* late tonight.
오늘 밤 조금 늦을 거예요.
I spend *a bit* too much, I'm afraid.
돈을 좀 많이 쓰는 것 같아 걱정이다.
❖ a little bit 약간(▶때로는 별다른 뜻 없이 붙이기도 한다.)
ex) I'm hungry *a little bit*. 나 조금 배고파.

the day before yesterday　그저께

I met Jin-su *the day before yesterday*.
나는 그저께 진수를 만났다.
If today is Monday, *the day before yesterday* was Saturday.
오늘이 월요일이면 그저께는 토요일이었다.

숙어 SPECIAL　have, got, have got의 구분

A. I have a car.
B. I got a car.
C. I have got a car

A 문장은 have라는 동사의 뜻 그대로 '난 차가 있어요.' 라고 해석하면 됩니다. B 문장은 차를 가지고 있다는 의미가 당연히 내포되지만 '나는 차를 얻었어요.' 또는 '나는 차를 샀어요.' 정도의 의미가 적당합니다.
C 문장은 완료 시제를 썼다는 점에서 A, B 문장과 차이가 있지요. 그리고 말하는 사람이 어떤 동작에 중점을 두느냐에 따라 의미가 달라지는 문장입니다. 여기서 have는 get이라는 동사를 완료형으로 만들기 위해 보조 역할을 한 것입니다. 다시 말하면 '가지고 있다' 라는 have의 의미가 아니라 차를 얻게 된 행위에 대한 완료를 의미한다고 보면 됩니다.

51st Day Test

1 우리말과 같은 뜻이 되도록 빈 칸에 들어갈 알맞은 말을 쓰시오.

1. 이제 사업이 잘 진행되고 있는 중이다.
   The project is now well under ____________ .
2. 우리는 텔레비전이 없다.
   We haven't ____________ a television.
3. 그녀는 하루 종일 라디오나 들으며 빈둥거린다.
   She just sits ____________ listening to the radio all day.
4. 그들은 돈을 많이 번다.
   They ____________ a lot of money.

2 빈 칸에 들어갈 알맞은 말을 〈보기〉에서 찾아 그 기호를 쓰시오.

〈보기〉	A. a bit	B. for one thing	C. under way
	D. send out	E. as well as	F. for a while

1. The trees ____________ new leaves in spring.
   나무는 봄에 새로운 잎을 낸다.
2. He grows flowers ____________ vegetables.
   그는 채소뿐만 아니라 꽃도 키운다.
3. He asked me to stay ____________ longer.
   그는 좀 더 있다 가라고 했다.
4. Well, ____________ , I can't afford it.
   글쎄, 첫째로는 형편이 안 돼요.

3 우리말은 영어로, 영어는 우리말로 옮기시오.

1. If today is Sunday, the day before yesterday was Friday.
2. 사고가 너무나 많습니다.

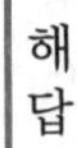

1 1. way 2. got 3. around 4. make 2 1. D 2. E 3. A 4. B 3 1. 오늘이 일요일이면 그저께는 금요일이었다. 2. There are too many accidents.

52nd Day

for a moment 잠시 동안(=for a while)

"May I borrow your pen *for a moment*?" "Certainly."
"잠깐 펜 좀 빌릴 수 있을까요?" "그러세요."

play with ~와 놀다; ~을 가지고 놀다, 가벼이 대하다

He had no friends to *play with*.
그에게는 함께 놀 친구가 없었다.

❖ **play with each other in** ~에서 함께 경기를 하다
ex) They *played with each other in* the soccer game.
그들은 축구시합에서 함께 경기를 했다.

plenty of 많은(=a lot of)

There are *plenty of* things in this shopping center.
이 쇼핑센터에는 많은 물건들이 있다.
He believes in getting *plenty of* exercise.
그는 운동을 많이 하는 것이 좋다고 믿고 있다.

the other day 며칠 전에, 최근에

I finally saw the movie *the other day*.
며칠 전에 드디어 그 영화를 보았다.
I saw him in town *the other day*.
난 최근에 그를 시내에서 봤다.

to the last 끝까지

The King's servant was faithful *to the last*.
그 늙은 왕의 하인은 끝까지 충실했다.
He protested his innocence *to the last*.
그는 끝까지 결백을 주장했다.

❖ **to the last breath** 죽을 때까지

all the more 더욱 더, 한결 더

She loved her husband *all the more*.
그 여자는 더욱 더 남편을 사랑했다.
We ought to be *all the more* grateful to them.
우리는 더욱 더 그들에게 감사해야 한다.

on board 타고, 탑승하고, 승선하고

The passengers are all *on board* the ship.
승객들은 이제 모두 배에 올랐습니다.

have got to ~해야 한다(=have to)

I *have got to* start earlier.
❖ 나는 더 일찍 떠나지 않으면 안 된다.
❖ '~하지 않으면 안 된다'는 'must+동사원형', 또는 'have to+동사원형', 'have got to+동사원형'으로 나타내면 된다.

be late for ~에 늦다, 지각하다

I *was late for* school again this morning.
내가 오늘 아침에 또 지각을 했어.

set about (일 등)을 시작하다, 착수하다

We *set about* repairing our house. **repair** 수리하다
우리들은 집을 수리하기 시작했다.

숙어 SPECIAL must, have to, have got to의 차이점

'~ 해야 한다'라는 의미에서 볼 때 must는 말하는 사람이나 듣는 사람이나 당연히 뭔가를 해야 한다고 말할 때 쓰이고, have to는 규칙이나 다른 사람들이 시켜서 해야 한다고 말할 때 쓰입니다. 하지만 실제 대화에서는 항상 이러한 의미가 구분되지는 않습니다.

A. I *must* go home now.
나는 집에 가야 합니다.(자신이 스스로 생각하기에 그래야 한다고 생각)

B. I *have to* go home now.
나는 집에 가야 합니다.(예를 들어 부모님이 언제까지 돌아오라고 해서)
참고로 should로 표현하는 경우를 예로 들어보겠습니다.

C. I *should* go home now.
집에 가는 것이 좋겠습니다.(예를 들어 시간이 늦어서)

have to와 have got to는 같은 말이고, have와 have got도 같은 말입니다.
I *have to* go now.=I *have got to* go now. 나는 지금 가야 합니다.
I *have* an apple.=I *have got* an apple. 나는 사과 한 개를 갖고 있습니다.

52nd Day Test

1 우리말과 같은 뜻이 되도록 빈 칸에 들어갈 알맞은 말을 쓰시오.

1. 난 오늘 지불해야 할 청구서가 몇 장 있다.
   I ____________ got to pay some bills today.
2. 서둘러라. 그렇지 않으면 수업에 늦을 것이다.
   Make haste, or you will be late ____________ class.
3. 그런 만큼 더욱 더 그를 좋게 생각하는 것이다.
   That's ____________ the more so to think well of him.
4. 그는 일전에 큰 상을 받았지.
   He won the grand prize the ____________ day.

2 빈 칸에 들어갈 알맞은 말을 〈보기〉에서 찾아 그 기호를 쓰시오.

〈보기〉	A. set about	B. the other day	C. play with
	D. on board	E. for a moment	F. plenty of

1. I like to go to school because I can ____________ my friends.
   나는 친구들과 놀 수 있어서 학교 가는 것을 좋아한다.
2. Dinner will be served ____________ the plane.
   기내에서는 저녁 식사가 제공된다.
3. You have ____________ time.
   시간이 많이 남아 있다.
4. He ____________ knitting after her meal. **knit** 뜨개질하다
   식사가 끝나자 그 여자는 뜨개질을 시작했다.

3 우리말은 영어로, 영어는 우리말로 옮기시오.

1. He died protesting his innocence to the last. **innocence** 무죄
2. 잠시 동안 여기에서 기다리세요.

해답

1 1. have 2. for 3. all 4. other 2 1. C 2. D 3. F 4. A 3 1. 그는 최후까지 그의 무죄를 주장하면서 죽었다. 2. Wait here for a moment.

53rd Day

think about ~에 관해 생각하다, 고려하다; 검토하다

Have you *thought about* the result?
그 결과를 생각해 봤니?
The film made me *think about* a lot of things in life.
그 영화는 나에게 인생에 대한 많은 생각을 하게 했다.
❖ **What do you think of+목적어?** ~을[~에 대해] 어떻게 생각하십니까?

as well as …뿐만 아니라

She was intelligent *as well as* beautiful.
그녀는 아름다울뿐만 아니라, 머리도 좋았다.

more and more 점점 많은, 아니 그 이상

More and more people enjoy seeing new places.
점점 더 많은 사람이 새로운 곳을 보는 것을 즐긴다.
She spends *more and more* time alone in her room.
그녀는 더욱 더 많은 시간을 혼자 자기 방에서 보낸다.

for example 예를 들면(=for instance)

For example, a whale is not a fish.
예를 들면, 고래는 물고기가 아니다.
Name one, *for example*.
예를 들어 한 가지만 말씀해 보세요.

these days 요즘, 최근에는

How are you getting along *these days*?
요즘 어떻게 지내고 계십니까?

beside the point 요점을 벗어나, 관련성이 없는, 중요하지 않은

Her comments are *beside the point*.
그 여자의 설명은 요점을 벗어나 있다.
His argument is *beside the point*.
그의 주장은 논점을 벗어나고 있다.
❖ **come to the point** 요점에 들어가다, 핵심을 찌르다

have only to do 다만 ~하기만 하면 된다(= have but to do)

I *have only to do* my homework.
나는 숙제만 하면 된다.

laugh at ~을 비웃다, 경멸하다; ~을 듣고 웃다

Don't *laugh at* someone in trouble.
곤경에 처해 있는 사람을 비웃지 말라.
They all *laughed at* a joke.
그들은 모두 내 농담을 듣고 웃었다.

be born 태어나다

I *was born* under an unlucky star.
나는 불운을 타고났다. **unlucky star** 불운, 박복(misfortune, bad luck)

set in (계절, 장마 등이) 시작되다

The rainy season *set in* early this summer.
이번 여름에는 장마철이 일찍 시작되었다.

숙어 SPECIAL

laugh at에 at이 붙는 이유

아래 두 예문에 꼭 at이 들어가야 하는 이유는 무엇일까요?
A. He *laughed at* me. 그는 나를 비웃었다.
B. We *laughed at* his joke. 우리는 그의 농담을 듣고 웃었다.
위 문장들은 문맥의 흐름상, 해석상으로 at이 들어가야 하는데, 그 이유는 laugh at이 이어동사(구동사)이기 때문이지요.
이어동사들의 예를 들어보면 다음과 같습니다.

- **break into** 갑자기~하기 시작하다, ~에 침입하다, (새로운 일)에 뛰어들다
- **get through** 끝마치다, 어려운 국면을 타개해 나가다
- **make out** 작성하다, 이해하다, 잘 해내다
- **make up** (이야기 등)을 지어내다, 꾸며내다, 결합하다, 화장하다
- **put on** 위에 놓다, (옷 등)을 입다, (연극 등)을공연하다
- **take off** 분리해서 취하다, (의복)을 벗다, 이륙하다
- **turn out** ~임이 판명되다, 생산하다
- **turn to** ~에 의지하다, ~에 주의를 기울이다, 착수하다, 시작하다

53rd Day Test

1 우리말과 같은 뜻이 되도록 빈 칸에 들어갈 알맞은 말을 쓰시오.

1. 올해는 겨울이 일찍 시작되었다.
   Winter has ____________ in early this year.
2. 그는 영국에서 태어났지만 교육은 미국에서 받았다.
   He was ____________ in England but was educated in America.
3. 너 뿐아니라 나도 나빴어.
   I as ____________ as you were wrong.
4. 그들은 모두 내 아이디어를 비웃었다.
   They all laughed ____________ my idea.

2 빈 칸에 들어갈 알맞은 말을 〈보기〉에서 찾아 그 기호를 쓰시오.

〈보기〉			
	A. these days	B. beside the point	C. are born
	D. think about	E. for example	F. laugh at

1. There isn't much call for such things ____________ .
   요즘에는 그런 것들에 대한 요구가 많지 않다.
2. Many great men have risen from poverty-Lincoln and Edison, ____________ .
   많은 위인들이 가난을 딛고 성공했다. – 예를 들면, 링컨과 에디슨 같이.
3. That's all you ever ____________ .
   그게 네가 생각할 수 있는 전부이다.
4. It is ____________ .
   그것은 논점을 벗어나 있다.

3 우리말은 영어로, 영어는 우리말로 옮기시오.

1. More and more people are buying home computers.
2. 당신은 기다리기만 하면 됩니다.

해답

1 1. set 2. born 3. well 4. at 2 1. A 2. E 3. D 4. B 3 1. 더욱 더 많은 사람들이 가정용 컴퓨터를 사고 있다. 2. You have only to wait.

54th Day

lead A to B　A를 B(어느 장소)로 데리고 가다, ~로 이끌다

The path will *lead* you *to* the house.
그 길을 따라가면 그 집에 이른다.

have to　~해야한다; (부정문에서) ~할 필요는 없다(=need not)

Do you *have to* go now?
지금 가야만 하니?
Anyway, I *have to* go now. See you.
아무튼 지금 가야만해. 나중에 보자.

both A and B　A와 B 둘 다

I'm *both* tired *and* hungry.
나는 지치기도 하고 배도 고프다.
❖ 두 가지 상황이 동시에 존재함을 나타낼 때 both ~ and…를 쓴다. 양쪽을 모두 부정하는 전체 부정의 경우는 neither ~ nor…을 쓴다.

set off　출발하다; 일으키다; (불꽃 등)을 쏘아 올리다

They've *set off* on a trip around the world.
그들은 세계 여행을 출발했다.
We *set off* a few fireworks.
우리는 많은 불꽃을 터뜨렸다.

very well　아주 좋은; (동의하며) 좋아, 괜찮아, 알았다

Very well, doctor, I'll try to take more exercise.
알겠습니다, 의사 선생님. 운동을 좀 더 하겠습니다.
Her work is always *very well*.
그녀가 한 일은 항상 잘 되어 있다.
❖ Very well.은 적극적으로 동의하는 경우와 마지못해 동의하는 경우에 모두 쓰인다.

point of view　관점

You can understand it from another *point of view*.
너는 또 하나의 다른 관점에서 그것을 이해할 수 있다.
What's your *point of view* on nuclear power?　**nuclear power** 원자력
원자력에 대한 당신의 견해는 어떻습니까?

think of　~을 잘 생각하다, ~에 관하여 생각하다(=think about)

What do you *think of* my plan?
나의 계획을 어떻게 생각하니?

❖ 'How do you think of ~?' 라고 묻지 않고, 'What do you think of ~?' 라고 묻는다.

for one's life　필사적으로

He ran *for his life*.
그는 필사적으로 달렸다.

to this day　오늘에 이르기까지, 현재까지

It was an achievement that remains unmatched *to this day*.
그것은 오늘날까지 견줄 대상이 없는 업적이다.
unmatched 비할 데 없는, 필적 대상이 없는

more or less　다소, 어느 정도, 대강(=about, somewhat); 거의

I more or less know it.
나는 그것에 대해 어느정도 안다.
I've *more or less* finished painting the kitchen.
나는 부엌 페인트칠은 거의 끝냈어요.

숙어 SPECIAL　both A and B와 A as well as B

A. I like math *as well as* English.
B. I like *both* math *and* English.

A 문장 같은 경우는 '나는 영어를 좋아할 뿐만 아니라 수학까지도 좋아한다.' 는 뜻입니다. 즉 'A하는 것도 대단한데 B까지 하는구나!' 라는 뜻이 들어가 있습니다.

B 문장은 그냥 수학과 영어를 둘 다 좋아한다는 의미입니다. 대체로 그냥 일반적으로 좋아할 때 쓰는 말입니다.

아주 미세한 차이라 해석은 비슷하지만, 뉘앙스가 약간 틀리지요.

참고로 both A and B와 A as well as B는 바꿔서 쓰는 경우가 거의 없고, A as well as B와 not only B but A는 같은 뜻의 문장입니다.

54th Day Test

1 우리말과 같은 뜻이 되도록 빈 칸에 들어갈 알맞은 말을 쓰시오.

1. 그 연주회는 어느 정도 성공적이었다.
   The concert was ____________ or less a success.
2. 그녀는 스키도 스케이트도 탈 줄 안다.
   She can ____________ ski and skate.
3. 그는 팀을 승리로 이끌었다.
   He ____________ the team to victory.
4. 나는 너의 제안을 생각하고 있는 중이다.
   I'm thinking ____________ your suggestion.

2 빈 칸에 들어갈 알맞은 말을 〈보기〉에서 찾아 그 기호를 쓰시오.

〈보기〉	A. point of view	B. more or less	C. set off
	D. very well	E. think of	F. to this day

1. Then the bear picked up the basket and ____________ .
   그런 후 곰은 바구니를 집어 들고 출발했다.
2. She does not sing ____________ .
   그녀는 노래를 그리 잘하지 못한다.
3. Look at it from his ____________ .
   그의 관점에서 생각해 보세요.
4. ____________ , I still don't know why she did it.
   지금까지도 나는 그녀가 왜 그렇게 했는지 모른다.

3 우리말은 영어로, 영어는 우리말로 옮기시오.

1. 죽어라 하고 달려!
2. He has to pass an examination before he can start work.

해답 1 1. more 2. both 3. led 4. of 2 1. C 2. D 3. A 4. F 3 1. Run for your life! 2. 그는 일을 시작할 수 있기 전에 시험에 합격해야 한다.

55th Day

break away (~에서) 도망치다; 갑자기 버리다; 이탈하다

The boys *broke away* when they saw the teacher.
소년들은 선생님을 보자 달아났다.

learn that ~을 알다

I have yet to *learn that* he is a liar.
나는 그가 거짓말쟁이라는 말은 아직 들은 적이 없다.
❖ **learn from** ~에서 배우다
ex) It is important to *learn from* your mistakes.
실수에서 배우는 것이 중요하다.

deal in ~을 팔다; 취급하다

This store *deals in* used cars.
이 가게는 중고차를 취급한다.

set up ~을 세우다; (천막 등)을 치다

They *set up* the library.
그들은 도서관을 지었다.
Let's *set up* the tent first, and build the fire later.
우선 텐트를 치고 나서 그 다음에 불을 피우자.

pop up 갑자기 나타나다

A boy *popped up* out of the water.
한 소년이 불쑥 물 위로 떠올랐다.
He seems to *pop up* in the most unlikely places.
그는 전혀 예상치 못한 곳에서 불쑥 나타나는 것 같다.

for free 공짜로, 무료로(=on free)

My neighbour cuts my hair *for free*.
내 이웃이 무료로 내 머리를 잘라 준다.
When I buy one item, I can get one *for free*.
한 품목을 사면 나는 하나를 공짜로 받을 수 있다.

point out 나타내다; 지적하다(=indicate)

He *pointed out* some errors of our project.
그는 우리의 기획의 오류 몇 개를 지적했다.

what if ~? 만일 ~한다면 어찌 될까?; ~한들 상관없지 않은가?

What if there is an earthquake?
지진이 일어난들 무슨 상관인가요?
What if we're late for the class?
만일 수업에 늦으면 어떻게 하지요?
❖ 'What if ~?' 는 '만약 과거에 이랬었다면 지금 어떻게 되었을까?' 하는 가정과 관련이 있다.

have done with ~을 끝내다

They *have done with* the discussion now.
그들은 이제 토론을 끝냈다.
If you'*ve done with* that book, can I have a look at it?
당신이 그 책을 다 읽고 나면 제가 좀 볼 수 있을까요?

set out 출발하다; (…하려고) 시작하다; 시도하다

She *set out* to break the world land speed record.
그녀는 세계 육상 기록을 깨러 나섰다.
We *set out* for Busan but landed up in Changwon.
우리들은 분명히 부산으로 향했었는데 창원에 도착하고 말았다.
❖ **land up** 어떤 장소에 도착하다

숙어 SPECIAL **set up**의 여러 가지 의미

set up은 '(똑바로) 세우다, 올리다, 나아가게 하다, 창설하다, 시작하다' 등의 의미가 있습니다. 그리고 고의로 계획된 일이나 서로 짜고 한 경기를 set up이라고도 합니다. 그러니 '~을 속이다' 라는 뜻도 있겠지요. 따라서 set up은 문장에 따라 여러 가지 의미로 해서할 수 있습니다.
그런데 set up의 용법 중에 'set up the computer(컴퓨터를 설치하다)' 라는 말이 있습니다. '설치하다' 라는 단어로는 install이 있는데, 'install the computer' 와 'set up the computer' 는 어떻게 다를까요?
컴퓨터 작업에서 set up은 install의 다음 절차입니다. 즉, install은 기초 데이터를 복사하여 넣는 작업입니다. 그리고 set up은 그 넣어진 데이터를 사용자 환경에 맞게 조절하는 것이지요.
우리말로는 set up과 install 둘 다 '설치하다' 는 뜻이 되겠지만, 엄밀하게 말하자면 install은 데이터를 집어넣기, set up은 데이터 사용 환경을 조절하기로 이해하면 됩니다.

55th Day Test

1 우리말과 같은 뜻이 되도록 빈 칸에 들어갈 알맞은 말을 쓰시오.

1. 그들은 그들이 하러 나선 일에서 성공을 거두었다.
   They succeeded in what they ____________ out to do.
2. 만일 그녀가 그것을 가져오는 것을 잊는다면 어찌할까요?
   What ____________ she forgets to bring it?
3. 내가 여기 있다는 것을 어떻게 알게 되었니?
   How did you get to know ____________ that I was here?
4. 선생님은 나의 잘못을 지적했다.
   My teacher pointed ____________ my mistakes.

2 빈 칸에 들어갈 알맞은 말을 〈보기〉에서 찾아 그 기호를 쓰시오.

〈보기〉			
	A. for free	B. set up	C. point out
	D. deal in	E. have done with	F. pop up

1. We ____________ computer software.
   우리는 컴퓨터 소프트웨어를 취급한다.
2. We decided to ____________ a school.
   우리는 학교를 설립하기로 결정했다.
3. Why not read them now and ____________ it?
   지금 그것들을 읽고 다 끝내지 그래요?
4. The membership is open to all ____________.
   누구든지 무료로 회원이 될 수 있습니다.

3 영어를 우리말로 옮기시오.

1. Someone broke away with my purse at the airport.
2. If any problems pop up, just give me a call.

해답

1 1. set 2. if 3. learn 4. out 2 1. D 2. B 3. E 4. A 3 1. 공항에서 누군가가 내 지갑을 갖고 달아났다. 2. 갑자기 무슨 문제가 생기면, 즉시 나에게 전화해.

56th Day

break down 부서지다; 고장 나다

The computer system has *broken down*. 컴퓨터가 고장 났다.
Every moment we're together is just *breaking* me *down*.
우리가 함께하는 순간은 내 마음을 부수어 놓기만 할 뿐이다.

be through with ~와 헤어지다; ~을 끝내다

I will *be through with* him in a while.
나는 조만간 그와의 관계를 끊을 것이다.
Are you *through with* that newspaper? 그 신문 다 봤어요?

- **get through with** (일 등)을 끝내다; 견디어 내다

ex) As soon as I *get through with* my work I'll join you.
제 일을 끝마치는 대로 당신들과 합류하겠어요.

set to ~을 시작하다; (본격적으로) ~에 착수하다

This is high time to *set to* work.
지금이 본격적으로 일에 착수할 적기이다.
You may as well *set to* work at once.
당신은 곧 일에 착수하는 것이 좋을 것입니다.

be friends with ~와 친구이다[친하다]

I wanted to *be friends with* him.
나는 그 아이와 친구가 되고 싶었다.

head for ~로 향하여 가다

This train is not *heading for* Seoul.
이 기차는 서울로 가고 있지 않다.
When you get off at Chungmuro, *head for* the nearest exit.
충무로역에서 내리면, 가장 가까운 출구로 나가십시오.

after a while 잠시 후에; 얼마 가지 않아

The show will be started *after a while*.
공연은 잠시 후에 시작될 것이다.

- **once in a while** 가끔, 때때로

ex) I can't help meeting my girl frined *once in a while*.
난 내 여자 친구랑 가끔 만나 볼 수밖에 없다.

sure enough 아니나 다를까, 과연

Sure enough, he was late.
아니나 다를까, 그는 지각했다.
I said it would rain, and *sure enough* it did.
내가 비가 올 거라고 했는데 아니나 다를까 진짜 비가 왔다.

point at ~으로 향하게 하다, 가리키다

She *pointed at* a lovely baby.
그녀는 귀여운 아기를 가리켰다.

no more than 단지 ~, 겨우 ~, 다만 ~에 불과하다

It's *no more than* a mile to the supermarket.
슈퍼마켓까지는 겨우 1마일밖에 안 된다.

deal with ~을 처리하다; ~와 거래하다

Heven't you *dealt with* that letter yet?
당신은 그 편지를 아직도 처리하지 않았어요?

숙어 SPECIAL no more than의 용법

no more than에는 세 가지 의미가 있습니다.

• 수치 앞에서의 의미

He gave me *no more than* 5 dollars.
그는 내게 5달러밖에 주지 않았다.

위의 문장에서 no more than은 '겨우(no more than=only)' 라는 뜻으로 쓰여 처음 기대한 것보다 적었다는 기분을 표현합니다. 반대말은 no less than 또는 as much as입니다. 가령 'She gave me *no less than* 3 dollars.' 에서는 비록 3달러이지만, 그 3달러가 기대한 것보다 많다면 그때는 no less than이 됩니다.

• 명사 앞에서의 의미

She is *no more than* a child.(no more than=only, merely)
그 애는 겨우 어린아이일 뿐이다.

• no more ~ than : no more 와 than 사이에 다른 말이 들어가는 경우
I am *no more* mad *than* you (are).
네가 안 미친 것처럼 나 역시 안 미쳤어.

56th Day Test

1 우리말과 같은 뜻이 되도록 빈 칸에 들어갈 알맞은 말을 쓰시오.

1. 어디를 향하여 가고 있습니까?
   Where are you heading ____________?
2. 우리 차가 도로에서 고장이 났다.
   Our car broke ____________ on the road.
3. 그는 내게 총을 겨눴다.
   He pointed a gun ____________ me.
4. 나는 그저 당신과 친구가 되고 싶을 뿐이다.
   I just want to be friends ____________ you.

2 빈 칸에 들어갈 알맞은 말을 〈보기〉에서 찾아 그 기호를 쓰시오.

〈보기〉			
	A. through with	B. set to	C. break down
	D. no more than	E. sure enough	F. after a while

1. We're all ____________ go.
   우리는 모두 갈 준비가 되었다.
2. Are you ____________ your homework yet?
   너는 숙제를 벌써 다 했니?
3. ____________ here she is.
   아니나 다를까 여기에 그녀가 있다.
4. I had ____________ fifty cents.
   나는 고작 50센트밖에 없었다.

3 우리말은 영어로, 영어는 우리말로 옮기시오.

1. 그는 잠시 후에 돌아왔다.
2. I'll have no further dealings with him.

해답

1 1. for 2. down 3. at 4. with 2 1. B 2. A 3. E 4. D 3 1. He came back after a while.
2. 나는 더 이상 그와 거래하지 않겠어요.

57th Day

by degrees 점차(=gradually), 차츰; 단계적으로

Only *by degrees* did it occur to me.
점차로 그것이 나에게 떠올랐다.

think over ~을 곰곰이 생각하다, 숙고하다

Please *think over* what I've said.
내가 한 말을 숙고해 주세요.

- **think things over** 사물을 숙고하다

ex) I have got to take a little time to *think things over*.
시간을 좀 두고 생각해 봐야겠어요.

hear about ~에 관해 듣다

I have never *heard about* that.
그것에 대해선 들은 바가 없다.
I have *heard* much *about* him.
나는 그에 대해서 많은 이야기를 들었다.

for a while 잠깐, 잠시 동안

May I have your attention *for a while*, please?
잠시 제게 주목해 주십시오.

- '잠깐, 잠시, 얼마 동안'을 나타내는 말들에는 just a minute[moment], for a moment[while], a while, a short time, briefly, quite a while 등이 있다.

break one's leg 다리가 부러지다

How did you *break your leg*?
어쩌다가 다리가 부러졌어요?

pass through 통과하다, 지나가다

We *passed through* Daejeon on our way to Busan.
우리는 부산에 가는 길에 대전을 통과했다.
It may be the wind *passing through*.
지나가는 바람이겠지요.

- **get by** (~의 곁)을 지나가다, 빠져나가다

ex) Excuse me, may I *get by*? 지나가도 되겠습니까?

make[become] friends with ~와 친해지다, ~와 친구가 되다

I want to *make friends with* him.
나는 그와 친하게 지내고 싶다.
Su-mi finds it hard to *make friends with* other children.
수미는 다른 아이들과 친해지는 것이 어렵다는 것을 안다.

more than ~보다 많은; ~ 이상의

More than 2,000 people got together.
2천 명 이상의 사람들이 모였다.
I like watching soccer *more than* playing.
나는 축구를 하는 것보다는 보는 것을 좋아한다.

- **little more than** 단지 ~에 불과한, ~정도, ~가량
  ex) He left *little more than* an hour ago.
  그가 떠난 지는 한 시간도 못됐다.

not in the least 조금도 ~하지 않다, 조금도 ~ 아니다(=not at all)

It does*n't* matter to me *in the least*.
그런 일은 나와는 조금도 관계없다.

once more 다시 한 번

Would you mind saying it *once more*?
괜찮다면 한 번 더 말씀해 주시겠어요?

- **more than once** 한 번만이 아니라, 몇 번이고

숙어 SPECIAL more than과 not less than의 비슷한 점

more than과 not less than은 둘 다 비슷한 의미로 이해해도 무리가 없습니다.

- **more than** : ~ 보다 많이
- **not less than** : 적어도(=at least)

다음 예문을 보고 생각해 보도록 하지요.

I have been studying English for *more than* five years.

위의 문장을 해석해 보면 '나는 5년 이상 영어를 공부해 왔다.' 입니다. 그러면 '나는 적어도(not less than=at least) 5년은 영어를 공부해 왔다.' 라는 뜻과 많이 다르지 않다는 것을 알 수 있을 것입니다. 위의 경우에는 at least가 표현하고자 하는 의미에 더 가깝습니다.

57th Day Test

1 우리말과 같은 뜻이 되도록 빈 칸에 들어갈 알맞은 말을 쓰시오.

1. 우리는 그 문제를 곰곰이 생각해 보아야 한다.
   We must think the matter __________ .
2. 그 열차는 터널을 통과하였다.
   The train passed __________ the tunnel.
3. 당신은 햄릿에 관하여 들은 적이 있나요?
   Have you ever heard __________ Hamlet?
4. 그녀는 어쩌다 다리가 부러지게 되었나요?
   How did she come to __________ her leg?

2 빈 칸에 들어갈 알맞은 말을 〈보기〉에서 찾아 그 기호를 쓰시오.

〈보기〉			
	A. not in the least	B. for a while	C. pass through
	D. once more	E. more than	F. by degrees

1. Can we slow down and walk __________ ?
   잠깐 속도를 늦추어서 걸을까?
2. He grew weaker __________ .
   그는 점점 쇠약해졌다.
3. Really, I'm __________ tired.
   정말, 난 하나도 피곤하지 않아요.
4. I like singing __________ listening to music.
   나는 음악을 듣는 것보다 노래하는 것을 더 좋아한다.

3 우리말은 영어로, 영어는 우리말로 옮기시오.

1. He has made friends with rather a wild crowd.
2. 그것을 한 번 더 연주합시다.

해답

1 1. over 2. through 3. about 4. break 2 1. B 2. F 3. A 4. E 3 1. 그는 다소 거친 친구들과 사귀었다. 2. Let's play it once more.

58th Day

be willing to 기꺼이 ~하다(=be ready to), 자진해서 ~하다

He *is* always *willing to* help others.
그는 언제나 기꺼이 남을 돕는다.

- **be unwilling to** ~하는 것을 내키지 않아하다, ~하지 않으려고 하다
  ex) She *was unwilling to* forgive him.
  그녀는 그를 용서하려고 하지 않았다.

take a break 잠깐 쉬다

Let's *take a break* for coffee now.
이제 잠시 쉬면서 커피나 마시지요.

shake hands (with) (~와) 악수하다

Let us *shake hands* and be friends.
악수하고 사이좋게 지내자.

be possessed of ~을 소유하다

He *is possessed of* a large fortune.
그는 큰 재산을 소유하고 있다.
Man *is possessed of* intellectual and moral capabilities.
인간은 지적, 도덕적 능력을 가지고 있다.

the more 더욱 더

We love her *the more* because she is devoted.
우리는 그 여자가 헌신적이기 때문에 더더욱 그 여자를 사랑한다.

- **the more ~ the more …** ~하면 할수록 더욱 더 …하다
  ex) *The more* you get, *the more* you want.
  가지면 가질수록 더 갖고 싶어 하게 되지요.
- **all the more** 한층 더
  ex) Left all alone, I felt *all the more* sad.
  혼자 남으니 한층 더 슬퍼졌다.

depend on[upon] ~에 의존하다, ~에 달려 있다

He *depends on* himself more than on anyone else.
그는 다른 사람보다는 자기 자신에게 의지한다.
It *depends on* who wants you.
그것은 누가 당신을 필요로 하느냐에 달려 있다.

hear from ~로부터 소식을 듣다

I haven't *heard from* him lately.
요즘 그에게서 소식을 듣지 못했다.

from now (on) 지금부터

From now on, you will do as you are told.
지금부터 너희들은 들은 대로 해야 된다.

- **till[up to] now** 지금까지

throw away ~을 내던지다; 낭비하다

He said, "*throw away* the television!"
"텔레비전 좀 내다버려!"라고 그가 말했다.
Don't *throw away* the chance.
그 기회를 포기하지 말라.

leave ~ alone ~을 내버려 두다, ~에 간섭하지 않다

I should *leave* that question *alone* if I were you.
내가 너라면 그 문제는 그대로 놓아두겠다.

- **leave a person alone to do** ~에게 상관하지 않고 …하게 내버려 두다

숙어 SPECIAL depends on에 -s가 붙는 이유

왜 아래 예문에서 depend에 s가 붙었을까요?
That *depends on* how you do it.
그것은 당신이 어떻게 하느냐에 따라 달려 있습니다.
I(1인칭)와 you(2인칭)를 제외한 나머지들 he, she, it, this, that 등(3인칭 대명사)의 뒤에 동사가 올 때에는 어미 -s가 따라 붙습니다. 다시 말해서 위 예문의 주어는 that(그것)입니다. that은 I도 you도 아닌 제3자(혹은 '것')입니다. 따라서 동사 뒤에 s가 붙습니다.
이해를 돕기 위해 예를 들면 다음과 같습니다.
A. You *depend on* how you do it.
B. She *depends on* how you do it.
A의 경우에는 s가 붙지 않습니다. 왜냐하면 1인칭과 2인칭 대명사가 주어이기 때문입니다. 그러나 주어가 I, 혹은 you가 아닌 3인칭 대명사가 쓰인 B의 경우에는 동사에 s가 붙습니다.

58th Day Test

1 우리말과 같은 뜻이 되도록 빈 칸에 들어갈 알맞은 말을 쓰시오.

1. 그것은 당신이 얼마나 살 것인지에 달려 있어요.
   It ____________ on how much you buy.
2. 이제는 대략 우리가 잠깐 쉴 시간이라고 생각한다.
   I think it's about time we took a ____________ .
3. 제발 날 여기 혼자 내버려두지 마세요!
   Please don't ____________ me here alone!
4. 그것을 버리는 것은 매우 아깝다.
   It would be a waste to ____________ it away.

2 빈 칸에 들어갈 알맞은 말을 〈보기〉에서 찾아 그 기호를 쓰시오.

〈보기〉			
	A. hear from	B. from now on	C. shake hands
	D. all the more	E. throw away	F. is possessed of

1. She ____________ a wonderfully calm temperament.
   그녀는 놀랄 만큼 침착한 기질을 지니고 있다. **temperament** 기질
2. He is still hoping to ____________ her.
   그는 아직도 그녀에게서 소식이 오기를 기다린다.
3. Can you be nice to them ____________ ?
   너는 지금부터 그들에게 친절히 대해 줄 수 있겠니?
4. We ought to be ____________ grateful to them.
   우리는 더욱 더 그들에게 감사해야 한다.

3 우리말은 영어로, 영어는 우리말로 옮기시오.

1. There appeared to be nobody willing to help.
2. 그들은 악수했다.

해답

1 1. depends 2. break 3. leave 4. throw 2. 1. F 2. A 3. B 4. D 3. 1. 기꺼이 도우려는 사람이 아무도 없는 것 같았다. 2. They shook hands.

:59th Day

leave for ~을 향하여 떠나다

I'm going to *leave for* Pohang today.
나는 오늘 포항으로 떠날 예정이다.

breathe in 숨을 들이쉬다.

Breathe in this fresh air!
이 맑은 공기를 마셔 봐요!

- **catch one's breath** 숨을 멈추다 **in surprise** 놀라서, 놀란 나머지
  ex) He *caught his breath* in surprise.
  그는 놀라서 숨을 멈추었다.

at (the) most 많이도; 기껏해야

Not more than five days *at(the) most*.
많이 걸려야 5일이면 됩니다.
At (the) most, three of us will go.
고작 우리 중 세 명이 갈 것이다.

hear of ~의 소식을 듣다, 알아듣다

I've never *heard of* that.
나는 결코 그런 것을 들어 본 적이 없다.
Now I have *heard of* everything.
오래 살다 보니 별소릴 다 듣겠군요.

die of ~으로 죽다

His father *died of* cancer.
그의 부친은 암으로 사망했다.
I almost *died of* laughing.
나는 우스워 죽을 뻔했다.

fill one's shoes ~를 대신하다; ~의 후임이 되다

I cannot *fill his shoes*.
나는 그를 대신할 수 없다.
No one can *fill your shoes*.
아무도 당신을 대리할 수 없다.

- **~ 대신에** : in one's behalf, in stead of, in place of 등

be full of ~로 가득하다(=be filled with)

My school life *is full of* interesting things.
나의 학교 생활은 재미있는 일들로 가득하다.

wind up 끝맺다, 그만두다, 결말을 짓다

If we all agree, let's *wind up* the discussion.
우리 모두가 동의한다면, 토론을 끝냅시다.
If we keep on like this, we'll *wind up* with nothing.
이러다 죽도 밥도 안 되겠다.

- **wind up one's affairs** 업무를 결말짓다, 가게를 걷어치우다

stay on 계속 머무르다

I can't get my hat to *stay on*.
모자를 계속 쓰고 있을 수가 없다.

(at) any time 언제라도

Call me *at any time*.
언제라도 전화해요.
We should be ready *at any time*.
우리는 항상 준비를 해야 한다.

숙어 SPECIAL heard, heard of, heard about의 차이점

A. Have you *heard* it? 너 그거 들어 봤어?
B. Have you *heard* of it? 너 그거 들은 적 있니?
C. Have you *heard about* it? 너 그것에 대하여 들어 봤어?
위의 예문들에서 it이 무엇인가에 따라서 앞에 오는 전치사가 달라질까요?
it은 단순히 앞에서 이야기된 특정한 문장, 혹은 단어를 일컫는 대명사일 뿐입니다. 이것 때문에 영향을 받는 것은 전혀 없습니다.
위의 표현들은 현재완료의 경험적인 용법이며, 동일한 뜻을 지닙니다. 즉, 의미상의 미묘한 차이만이 있을 뿐입니다. 굳이 차이를 꼽자면 'hear+목적어'는 '~를 듣다', 'hear+전치사(about, of, from)+목적어'는 '~소식을 듣다' 정도로 미약합니다.

59th Day Test

1 우리말과 같은 뜻이 되도록 빈 칸에 들어갈 알맞은 말을 쓰시오.

1. 그 비행기는 10시 20분에 뉴욕을 향해 떠난다.
   The plane leaves ____________ New York at 10:20.
2. 너는 그의 소식을 들은 적이 있느냐?
   Have you ever heard ____________ him?
3. 신선한 시골 공기를 들이마시는 것이 좋다.
   It's good to breathe ____________ fresh country air.
4. 많은 어린이들이 굶주림 때문에 죽었다.
   Many children ____________ of hunger.

2 빈 칸에 들어갈 알맞은 말을 〈보기〉에서 찾아 그 기호를 쓰시오.

〈보기〉	A. hear of	B. any time	C. fill his shoes
	D. be full of	E. at the most	F. wind up

1. I hope I can ____________ .
   내가 그처럼 일을 잘 할 수 있어야 할 텐데요.
2. ____________ I might earn 20 dollars a day. **earn** 벌다
   나는 기껏해야 하루에 20달러를 벌 것이다.
3. The club seemed to ____________ girls.
   그 클럽은 소녀들로 가득한 것 같았다.
4. They can leave at ____________ .
   그들은 언제든 떠날 수 있다.

3 우리말은 영어로, 영어는 우리말로 옮기시오.

1. 토론을 끝냅시다.
2. He decided to stay on at university to do further research.

해답

1. 1. for 2. of 3. in 4. died 2. 1. C 2. E 3. D 4. B 3. 1. Let's wind up the discussion. 2. 그는 연구를 더 하기 위해 대학에 남기로 했다.

60th Day

move away 이사 가다

"Is he still living here?" "No, he *moved away*."
"아직도 그가 여기에 삽니까?" "아니오, 이사 갔어요."

- **move far away** 멀리 이사 가다
  ex) They *moved far away*. 그들은 멀리 이사를 갔다.

at heart 마음속은; 사실은

She is a good woman *at heart*.
그 여자는 마음이 좋은 사람이다.

be short of ~이 부족하다.

We *are* a bit *short of* money at the moment.
당장은 돈이 좀 모자란다.
We *are short of* hands.
우리는 일손이 부족하다.

make a difference 차이가 나다, 차별을 두다; 중요하다

What *difference* does it *make*?
그것은 어떤 차이가 있습니까?
It *makes* no *difference* to me whether it is large or small.
그것이 크건 작건 간에 나에게는 중요하지 않다.

- **That makes all the difference**. 그렇다면 이야기는 전연 달라진다.

bring about (어떤 결과)를 가져오다, 초래하다, 불러일으키다

The storm *brought about* a lot of damage.
폭풍으로 엄청난 손해가 발생했다.
The accident was *brought about* by his carelessness.
그 사고는 그의 부주의로 일어났다.

for[in] fun 재미로, 장난삼아

We drove all the way to the beach, just *for fun*.
우리는 바닷가까지 그저 재미삼아 차를 몰고 갔다.
What do you like to do *for fun*?
당신은 재미로 무엇을 하기 좋아합니까?

- **Just for fun**. 그냥 재미로.

no less than ~에 못지않게, ~와 마찬가지로; ~만큼이나

She likes music *no less than* I.
그 여자는 나 못지않게 음악을 좋아한다.
Mother gave me *no less than* 100 dollars.
어머니는 나에게 100달러나 주셨다.

be prepared for ~의 준비[각오]가 되어 있다

I *am prepared for* anything.
나는 무슨일이든 준비가 되어 있다.

- **be prepared for the worst** 최악의 사태를 각오하다
  ex) He *is* always *prepared for the worst*.
  그는 항상 최악의 경우에 대비하고 있다.

with all one's heart 진심으로, 정성을 다해

I will love them *with all my heart*.
진심으로 그들을 사랑하겠습니다.

all the time 언제나, 항상(=always)

Your teacher cannot help you *all the time*.
너의 선생님은 항상 너를 도울 수 없다.
He is in trouble *all the time*.
그는 늘 곤경에 처해 있어요.

숙어 SPECIAL 'no+비교급+than' 의 구문 분석

'no+비교급+than' 의 구문에서 than을 '~보다' 라는 비교의 의미로 이해하면 곤란합니다. than을 '~처럼', '~와(과) 같이' 라고 해석하고 no는 '조금도 ~하지 않다' 라고 해석하는 것이 수월합니다.

• **at least의 의미**(최소한, ~ 이상)
He has *no less than* 20 dollars. 그는 20달러나 있다.
He has *not less than* 20 dollars. 그는 최소한[적어도] 20달러는 있다.

• **only의 의미**(단지, 다만)
I have *no more than* 20 dollars. 나는 단지 20달러밖에 없다.

• **at most의 의미**(기껏해야, ~ 이하의)
I have *not more than* 20 dollars. 나는 많아야 20달러밖에 없다.

60th Day Test

1 우리말과 같은 뜻이 되도록 빈 칸에 들어갈 알맞은 말을 쓰시오.

1. 그녀는 도시에서 이사 갔다.
   She moved __________ from the city.
2. 나는 이것에 대한 준비가 되어 있지 않았다.
   I was not prepared __________ this.
3. 그의 의견은 나의 의견과 차이가 있다.
   His opinion __________ a difference with my opinion.
4. 그녀는 언니 못지않게 아름답다.
   She is no __________ beautiful than her sister.

2 빈 칸에 들어갈 알맞은 말을 〈보기〉에서 찾아 그 기호를 쓰시오.

〈보기〉	A. all the time	B. at heart	C. no less than
	D. with all my heart	E. bring about	F. just for fun

1. I'm teaching myself to cook, __________ .
   나는 그냥 재미 삼아 요리를 배우고 있다.
2. I'm a country boy __________ .
   나는 마음속은 시골 소년이다.
3. I hope __________ that you succeed.
   나는 당신이 성공하기를 진심으로 바랍니다.
4. I can't stand people interrupting __________ . **interrupt** 방해하다
   나는 늘 방해하는 사람들은 참을 수가 없어.

3 우리말은 영어로, 영어는 우리말로 옮기시오.

1. They say that they are proud to have brought about change.
2. 나는 돈이 부족했다.

해답 1. 1. away 2. for 3. makes 4. less 2. 1. F 2. B 3. D 4. A 3. 1. 그들은 마침내 변화를 가져왔다는 사실에 자부심을 느낀다고 말합니다. 2. I was short of money.

61st Day

bring in ~을 안으로 들이다; (이익)을 내다, 생기게 하다

She *brought in* a birthday cake.
그 여자는 생일 케이크를 들고 안으로 들어왔다.
How much does he *bring in* now?
지금 그는 얼마를 벌고 있나요?
❖ **bring about** 가져오다; 초래하다, 유발하다, 일으키다
ex) Over-eating *brought about* her stomachache.
그녀는 과식으로 복통을 일으켰다.

learn by heart ~을 암기하다

She *learned* the passage *by heart*.
그 여자는 그 구절을 암기했다.

in a word 요컨대, 요약하면(=in short)

In a word, he is a fine gentleman.
한 마디로 말해서 그는 훌륭한 신사다.

have fun 즐겁게 놀다, 재미있게 놀다

Did you *have fun* at the party?
파티에 가서 즐겁게 놀았니?

be different from ~와는 다르다

Their way of life *is different from* ours.
그들의 생활 양식은 우리의 것과는 다르다.
❖ **be different in** ~에서 다르다
ex) We *are* very *different in* our opinions.
우리들의 의견에는 서로 큰 거리가 있다.

let ~ alone ~을 내버려 두다

Let me *alone*.
날 혼자 있게 내버려 둬.
Let him *alone* to do it.
그가 하게 내버려 두세요.

move off 떠나다, 출발하다

The train will *move off* at five o'clock.
기차는 5시에 출발할 것이다.

at present 현재에, 지금

He stays at my place *at present*.
그는 지금 내 집에 머물고 있다.
I'm afraid I can't help you just *at present*.
지금 당장은 제가 당신을 도와드릴 수 없을 것 같아요.

at a time 한 번에; 동시에, 일시에, 한꺼번에

Do one thing *at a time*.
한 번에 한 가지 일만 해라.
They went into his office six *at a time*.
그들은 한꺼번에 6명이 그의 사무실에 들어갔다.

cut short ~을 잘라서 짧게 하다; ~의 말을 도중에 끊다

I had my hair *cut short*.
나는 머리를 짧게 깎았다.
He *cut* me *short*.
그는 내 말을 가로막았다.

숙어 SPECIAL different from의 용법

be different from은 서로 다른 사람이나 사물을 비교하여 차이점을 표현할 때 사용합니다.
I *am* quite *different from* my brother in character.
나는 동생과 성격이 매우 다르다.
Korea *is* so *different from* Japan.
한국은 일본과는 판이하게 다르다.
be different는 단순히 다른 것을 표현할 때 사용합니다.
We *are* totally *different*. 우리는 완전히 달라요.

61st Day Test

1 우리말과 같은 뜻이 되도록 빈 칸에 들어갈 알맞은 말을 쓰시오.

1. 남자는 외부 일을 가져오고 있다.
   The man is bringing ____________ outside business.
2. 나는 그것을 모조리 암기하려고 했다.
   I tried to learn all of it by ____________ .
3. 시험이 내가 예상했던 것과는 많이 달랐다.
   The exam was much different ____________ what I expected.
4. 좀 더 유쾌하게 놀자.
   Let's ____________ a little fun.

2 빈 칸에 들어갈 알맞은 말을 〈보기〉에서 찾아 그 기호를 쓰시오.

〈보기〉			
	A. bring in	B. in a word	C. cut short
	D. at present	E. at a time	F. have fun with

1. He is on duty ____________ .
   그는 지금 근무 중이다.
2. Let's do one thing ____________ .
   한 번에 한 가지 일만 합시다.
3. ____________ , I think he is a fool.
   간단히 말해서 나는 그가 바보라고 생각한다.
4. I had my hair ____________ at a beauty shop. **beauty shop** 미용실
   나는 미용실에서 머리를 짧게 잘랐다.

3 우리말은 영어로, 영어는 우리말로 옮기시오.

1. 내가 하게 내버려 두세요.
2. The signal was given, and the procession moved off.

해답

1 1. in 2. heart 3. from 4. have 2 1. D 2. E 3. B 4. C 3 1. Let me alone to do it. 2. 신호가 떨어지자 행렬이 떠났다.

:62nd Day

make fun of ~을 놀리다

Don't *make fun of* my friends.
나의 친구들을 놀리지 마라.

for the present 당분간(=for the time being; at present)

You ought to be stay in bed *for the present*.
당신은 당분간 누워 있어야 합니다.
The work is suspended *for the present*.
그 일은 당분간 중지된다. **suspend** 보류하다; 정지시키다; 연기하다

with[without] difficulty 어렵게[어렵지 않게]

He can only walk *with difficulty*.
그는 힘들게 걸을 수 있을 뿐이다.
She passed the exam *without difficulty*.
그 여자는 그 시험을 어렵지 않게 통과했다.

in other words 바꾸어 말하면, 다시 말하자면

In other words, he is such a fool.
바꾸어 말하자면 그는 바보라는 것이다.

let ~ be ~을 내버려 두다

Let it *be*.
그것을 그냥 내버려 두세요.
Let the poor dog *be*.
저 불쌍한 개를 그냥 놔두세요.
❖ **Don't annoy it.** 괴롭히지 마세요.

at that time 그 당시에는

They were happy *at that time*.
그들은 그때에는 행복했다.
At that time, I felt like the world was coming to an end.
그 때는 세상이 끝나는 것 같았다.
❖ **at this time** 이맘때; 현 시점에서
ex) Water is short *at this time* of year.
매년 이맘때면 물이 부족하다.

run short (of) ~이 부족하다, ~을 모자라게 하다

Food and drinks are *running short*.
음식과 음료수가 떨어지고 있다.
We have *run short* of oil.
기름이 거의 다 떨어졌다.

bring up 교육하다(=educate), 자라다; (이야기 · 화제를) 꺼내다

He was *brought up* by his uncle.
그는 삼촌에게서 자랐다.
This is not the time to *bring up* that subject.
지금은 그 주제를 꺼낼 때가 아니에요.

be held 개최되다, 열리다(=take place)

The race will *be held* next week.
달리기 시합은 다음 주에 열릴 것이다.
The peace talks will *be held* in Geneva.
그 평화 회담은 제네바에서 열릴 것이다.
❖ **be held in respect** 존경 받다
ex) He *is held in* great *respect* by all his neighbors.
그는 모든 이웃들로부터 큰 존경을 받고 있다.

much more 훨씬 더, 더 이상

This book is worth *much more* than I paid for it.
이 책은 내가 지불한 돈보다 훨씬 많은 가치가 있다.
You look *much more* like your father.
당신은 당신의 아버지와 아주 많이 닮았어요.

숙어 SPECIAL **Let it be.와 Let it be me.의 의미**

Let it be.는 '그냥 내버려 둬.' 라는 뜻인데, 문제가 있을 때 인위적으로 해결하려고 하지 말고 자연스럽게 놔두라는 의미입니다.
Let it be me.는 '내버려 둬+나.' 이므로 '날 그냥 내버려 둬' 라고 생각할 수도 있지만 이것은 완전히 틀린 해석입니다. 실제 뜻은 '내가 네 사람이 되게 해 줘.=네 곁에 있게 해줘.' 가 됩니다. Let me be the one.이라는 표현도 비슷한 표현이지요. 그리고 '날 그냥 내버려 둬.' 라는 표현은 Leave me alone.을 써야 합니다.

62nd Day Test

1 우리말과 같은 뜻이 되도록 빈 칸에 들어갈 알맞은 말을 쓰시오.

1. 그들은 그를 조롱하기 시작했다.
   They began to ____________ fun of him.
2. 그는 형편이 어려운 집안에서 자랐다
   He was brought ____________ in a poor family.
3. 그는 시험을 어렵게 통과했다.
   He passed the examination ____________ difficulty.
4. 바꾸어 말하면 그는 참석하지 않을 것이다.
   In other ____________, he won't attend.

2 빈 칸에 들어갈 알맞은 말을 〈보기〉에서 찾아 그 기호를 쓰시오.

〈보기〉			
	A. run short of	B. without difficulty	C. at that time
	D. be held	E. bring up	F. for the present

1. We have ____________ milk.
   우리는 우유가 부족했다.
2. I was still living with my parents ____________.
   나는 그 당시에 아직 부모님들과 함께 살고 있었다.
3. We cannot see each other ____________.
   우리는 당분간 만날 수 없다.
4. When will the meeting ____________?
   회의는 언제 열립니까?

3 우리말은 영어로, 영어는 우리말로 옮기시오.

1. I don't think I can take much more of this heat.
2. 우리를 그냥 내버려 두세요.

해답

1 1. make 2. up 3. with 4. words 2 1. A 2. C 3. F 4. D 3 1. 난 이 더위를 더 이상 견딜 수 없을 것 같아요. 2. Let us be.

63rd Day

for short 생략하여, 줄여서

We call a compact disc a CD *for short*.
콤팩트디스크는 줄여서 CD라고 한다.

❖ **in short** 간단히 말해, 요컨대(=briefly)

ex) *In short*, just about everything will be done differently.
간단히 말해서 거의 모든 것이 다르게 처리될 것이다.

lie down 드러눕다

I'm tired. I want to *lie down*.
나는 지쳤다. 그래서 드러눕고 싶다.
Three people will be able to *lie down* in this room.
이 방은 세 사람이 누워도 충분하다.

at the same time 동시에(=simultaneously)

The two boys answered "yes" *at the same time*.
두 소년은 동시에 "네"라고 대답하였다.
They looked at each other *at the same time*.
그들은 동시에 서로를 쳐다보았다.

by accident 우연히(=by chance, accidentally)

I met him *by accident* in New York.
나는 뉴욕에서 그를 우연히 만났다.

❖ **by chance** 우연히

ex) I met her *by chance*. 나는 그녀를 우연히 만났다.

go to work 일하러 가다

What time do you *go to work*?
몇 시에 일하러 가느냐?

distinguish A from B A와 B를 구별하다, 분간하다

Some people cannot *distinguish* one color *from* another.
어떤 사람들은 색을 분간해낼 수 없다.

❖ **distinguish between right and wrong** 시비를 가리다(=know right from wrong)

ex) You should *distinguish between right and wrong*.
너는 시비를 가려야 한다.

must be ~임에 틀림없다

You *must be* hungry after your long walk.
당신은 오랫동안 걸었으니 틀림없이 배가 고플 것입니다.

prevent ~ from (…ing) ~이 …하는 것을 막다

What *prevents* children *from learning* sooner?
무엇이 어린이들로 하여금 좀 더 일찍 배우지 못하게 하는가?
The accident *prevented* him *from coming* here.
사고 때문에 그는 여기 올 수 없었다.

in the future 지금부터는, 앞으로는, 장차, 미래에

What do you think will come true *in the future*?
미래에 무엇이 실현될 거라 생각하니?
❖ **in the near future** 가까운 장래에 **in the distant future** 먼 장래에
in the immediate future 바로 눈앞의 장래에

help oneself 자기 스스로 노력하다, 남에게 의지하지 않다, 마음대로 쓰다[먹다]

Heaven helps those who *help themselves*.
《속담》 하늘은 스스로 돕는 자를 돕는다.

숙어 SPECIAL must be와 must have + 과거분사

must be는 '~임이 틀림없다(현재에 대한 강한 확실성을 나타내는 것)' 와 '~해야 한다' 의 두 가지 해석이 가능합니다.
A. She must be tired. 그녀는 틀림없이 피곤할 거야.
B. You must be honest. 넌 정직해야 해.
A 문장은 현재 상태에 대한 확신에 찬 추측을 나타낸 것이고, B 문장은 의무를 나타낸 것입니다.
'must have + 과거분사' 는 과거에 있었던 일에 대해 강한 확실성을 나타내는 것으로, '~했었음에 틀림없다', 또는 '틀림없이 ~했었을 것이다' 의 뜻으로 해석되며, 의무의 뜻은 없습니다.
She must have been tired. 그녀는 틀림없이 피곤했을 것이다.
위의 문장은 과거에 대한 확신에 찬 추측, 또는 실제로는 피곤하지 않았는데 (만일 ~했었더라면 틀림없이) 피곤했었을 것이라고 가정하는 말입니다.

63rd Day Test

1 우리말과 같은 뜻이 되도록 빈 칸에 들어갈 알맞은 말을 쓰시오.

1. 그의 이름은 'Anthony,' 또는 줄여서 'Tony'이다.
   His name is 'Anthony' or 'Tony' ___________ short.
2. 그녀는 동시에 웃으면서 울었다.
   She was laughing and crying at the ___________ time.
3. 그는 버스로 출근한다.
   He goes to ___________ by bus.
4. 우리는 그들이 그것을 알아내는 것을 막아야 한다.
   We must prevent them ___________ finding it.

2 빈 칸에 들어갈 알맞은 말을 〈보기〉에서 찾아 그 기호를 쓰시오.

〈보기〉			
	A. in the future	B. must be	C. help yourself
	D. lie down	E. by accident	F. for short

1. Let's ___________ on the grass.
   풀밭에 드러눕자.
2. I met an old friend ___________ .
   나는 옛 친구를 우연히 만났다.
3. She will become a great painter ___________ .
   그 여자는 장차 훌륭한 화가가 될 것이다.
4. "May I use your pencil?" " ___________ ."
   "연필 좀 써도 되니?" "그렇게 해."

3 우리말은 영어로, 영어는 우리말로 옮기시오.

1. 농담이겠지요.
2. We have difficulty in distinguishing one from the other.

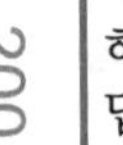

해답

1 1. for 2. same 3. work 4. from 2 1. D 2. E 3. A 4. C 3 1. You must be kidding. 2. 우리는 하나와 다른 하나를 구별하기가 어려웠다.

64th Day

at any price 어떤 대가를 치르더라도, 값이 얼마든

We want freedom *at any price*.
어떤 대가를 치르더라도 우리는 자유를 원한다.
I will put it into practice *at any price*.
나는 어떤 희생을 치르더라도 그것을 실행에 옮길 것이다.

here and there 여기저기(서)

Books were scattered *here and there* on the floor.
책들이 바닥 여기저기에 널려 있었다.
Try clicking the mouse *here and there*.
마우스를 이리저리 클릭해 봐요.

by all means 어떤 일이 있어도; 반드시

We should do our duty *by all means*.
어떤 일이 있어도 우리는 본분을 다하여야 한다.
Keep your word *by all means*.
반드시 약속을 지켜라.
❖ **by no means** 결코 ~이 아닌
ex) He is *by no means* a coward. 그는 결코 겁쟁이가 아니다.

get angry 화를 내다

She managed not to *get angry*.
그녀는 간신히 화를 참았다.
It was not worth *getting angry* about.
그 일은 화낼 가치조차 없었다.

work as ~로 일하다

I've *worked as* a teacher for six years.
나는 선생님으로 6년간 일했다.

do away with ~을 없애다, 폐지하다(=abolish); ~을 죽이다

We should *do away with* the rule.
우리는 그 규칙을 폐지해야 한다.
How can we *do away with* the bugs in the room?
방 안의 벌레들을 어떻게 없애지?
❖ **She tried to do away with herself.** 그녀는 자살을 시도했다.

in the name of ~의 이름으로(=with the authority of); 맹세코

In the name of friendship, loan me the money!
돈 좀 꾸어다오, 친구 사이가 아닌가!

at times 때때로, 이따금(=sometimes)

At times I hardly understand him.
나는 때로는 그의 말을 거의 알아듣지 못한다.

show A to B B에게 A를 보여 주다

I didn't *show* my report card *to* my parents. **report card** 성적표
나는 성적표를 부모님께 보여 드리지 않았다.
Would you please take this watch out and *show* it *to* me?
이 시계 좀 꺼내서 제게 보여주시겠어요?

all one's life 한 평생, 평생 동안

He has lived there *all his life*.
그는 평생 동안 그곳에서 살아 왔다.
He lived on his own *all his life*.
그는 평생 동안 혼자 살았다.
❖ **on one's own** 혼자서, 단독으로(=alone)

숙어 SPECIAL

at times의 쓰임새

Monkeys can seem human *at times*.
위의 문장에서 human은 명사가 아니고 '인간적인, 인간의' 란 의미의 형용사로 쓰였고, at times는 '때때로' 아니면 구어체에서 쓰는 우리말의 '어쩔 때, 어떤 때' 와 어감이 비슷합니다.
직역하면 '원숭이는 가끔 사람처럼 보일 수가 있다.' 가 됩니다.
그러나 의역하면 그 어감으로 볼 때 '원숭이는 어떨 때 보면 꼭 사람 같다.' 로서 그 안에 '원숭이는 가끔 꼭 사람 같은 짓을 한다.' 는 뜻이 포함되어 있다는 것을 알 수 있습니다.

64th Day Test

1 우리말과 같은 뜻이 되도록 빈 칸에 들어갈 알맞은 말을 쓰시오.

1. 나는 어떤 일이 있더라도 제시간에 맞춰 거기에 가야 한다.
   I had to go there on time by all ____________ .
2. 이런 관행은 없애야 합니다.
   This practice should be done ____________ with.
3. 화내지 말게. 침착하게나.
   Don't ____________ angry. Easy does it.
4. 그는 배우 일을 얻고자 한다.
   He's trying to get work ____________ an actor.

2 빈 칸에 들어갈 알맞은 말을 〈보기〉에서 찾아 그 기호를 쓰시오.

〈보기〉			
	A. at times	B. at any price	C. get angry
	D. in the name of	E. do away with	F. here and there

1. I arrest you ____________ the law.
   법의 이름으로 당신을 체포한다.
2. She looked for him ____________ .
   그 여자는 그를 찾아 여기저기 살펴보았다.
3. I feel gloomy ____________ .
   때때로 우울해진다.
4. The people want peace ____________ .
   그 사람들은 어떤 희생을 치르더라도 평화를 원한다.

3 우리말은 영어로, 영어는 우리말로 옮기시오.

1. 그녀는 평생 동안 열심히 일했다.
2. You must always show deference to older people. deference 경의, 존경

해답

1 1. means 2. away 3. get 4. as 2 1. D 2. F 3. A 4. B 3 1. She worked hard all her life. 2. 당신은 어른들께 항상 경의를 표해야 합니다.

65th Day

by nature 선천적으로, 본래

She is artistic *by nature*.
그 여자는 선천적으로 예술적인 소질이 있다.

Here you are. 자, 여기 있어. (물건을 건넬 때 쓰는 말)

No, I guess that's all. *Here you are*.
아뇨, 그게 다인 것 같군요. 여기 있습니다.
❖ **Here it is[they are].** 여기 있다.

work at ~에서 일하다

My mother *works at* a school.
우리 어머니께서는 학교에서 일하신다.

by means of ~에 의하여, ~을 이용하여

We climbed up the cliff *by means of* a rope. **cliff** 절벽
우리는 밧줄을 이용하여 그 절벽을 올라갔다.
❖ **by all means** 반드시; 부디, 꼭 **by any means** (부정문에서) 아무리 해도 **by what means** 어떻게 **by no means** 결코 ~ 않다(아니다)
ex) Life is *by no means* smooth sailing.
인생은 순풍에 돛을 단 듯이 언제나 순조로운 것이 아니다.

be proud of ~을 자랑스럽게 여기다, ~을 자랑하다

I'*m* so *proud of* you.
네가 너무 자랑스럽다.
That's not something to *be proud of*.
그건 자랑할 일이 아닌 것 같은데요.

for a long time 오랫동안(↔ for a short time)

They have worked hard *for a long time*.
그들은 오랫동안 열심히 일해 왔다.
I haven't seen him *for a long time*.
오랫동안 그를 못 봤었다.
❖ **오랜만에 만났을 때 쓰는 표현**
I haven't seen you *for a long time*. 오랫동안 뵙지 못했습니다.
Hi, *long time* no see. 안녕! 오랜만이야.(친한 사이일 때)

do ~ a favor 부탁을 들어 주다, 호의를 베풀다

Would you *do* me *a favor*?
부탁 좀 들어 주시겠어요?

get tired 지치다; 싫증나다

I'm *getting tired*.
나는 피곤하다.
Get tired of the whole business.
세상 만사가 다 싫증이 난다.

be like ~와 같다, ~와 비슷하다

He *is* very *like* his father.
그는 아버지와 대단히 닮았다.
Who do you want to *be like* when you grow up?
커서 누구처럼 되고 싶니?
❖ **This picture is quite unlike you.** 이 사진은 전혀 당신같지 않아요.

show off 과시하다, 자랑해 보이다

He *showed off* his new bike.
그는 새 자전거를 자랑했다.
The white dress *showed off* her dark skin.
흰 옷이 그 여자의 검은 피부를 돋보이게 했다.

숙어 SPECIAL

be like에서 like의 의미

be like에서 like의 품사는 전치사입니다. 물론 접속사로도 쓰이지만 뜻은 결국 같습니다. 여기에서 like는 '~처럼, ~와 같은'의 뜻을 나타냅니다. 전치사 다음에는 명사나 동명사 등이 와야 하므로, 동사의 원형은 올 수 없지요.
아래 문장을 예로 들어 설명하면 다음과 같습니다.
What's the weather *like*? 날씨는 어떻습니까?
이 질문에 대한 대답으로 like 다음에 형용사나 명사가 와야 한다는 것입니다. 동사는 올 수 없습니다.
It looks like rain. 비가 오려고 합니다.
It is cloudy. 날씨가 흐립니다.

65th Day Test

1 우리말과 같은 뜻이 되도록 빈 칸에 들어갈 알맞은 말을 쓰시오.

1. 그는 전혀 그의 아버지랑 닮지 않았다.
   He is nothing ____________ his father.
2. 부탁 좀 들어 주시겠어요?
   Would you do me a ____________?
3. 그녀는 병원에서 일하고 있다.
   She works ____________ the hospital.
4. 우리는 말을 사용하여 우리의 생각을 표현한다.
   We express our thought by ____________ of words.

2 빈 칸에 들어갈 알맞은 말을 〈보기〉에서 찾아 그 기호를 쓰시오.

〈보기〉			
	A. for a long time	B. show off	C. by nature
	D. be proud of	E. here you are	F. by means of

1. He sat thinking ____________.
   그는 오랫동안 생각에 잠긴 채 앉아 있었다.
2. Sure, ____________. Why don't you try it on?
   네, 여기 있습니다. 한번 써 보지 그러세요?
3. Do you know people who ____________?
   자랑하는 사람들을 알고 있습니까?
4. He is honest ____________.
   그는 선천적으로 정직하다.

3 우리말은 영어로, 영어는 우리말로 옮기시오.

1. I don't get tired of it no matter how many times I see it.
2. 우리는 우리 학교를 자랑으로 여긴다.

해답 1 1. like 2. favor 3. at 4. means 2 1. A 2. E 3. B 4. C 3 1. 아무리 봐도 질리지 않아요. 2. We are proud of our school.

66th Day

work for ~을 위해서 일하다

My father *works for* the government.
저의 아버지는 공무원입니다.

for the purpose of+명사 ~을 위하여(=for the sake of)

Some people start fires *for the purpose of* destruction.
어떤 사람들은 파괴를 목적으로 불을 내기도 한다.

❖ **for the purpose of+~ing** ~할 목적으로(=so as to+동사=in order to+동사)
ex) He went to Italy *for the purpose of* studying music.=He went to Italy so that he might study music.=He went to Italy so as to study music.
그는 음악 공부를 할 목적으로 이탈리아에 갔다.

near by 바로 가까이에

She lives *near by*.
그녀는 가까이에 산다.
He rushed to a drugstore *near by*.
그는 바로 이웃에 있는 약국으로 서둘러 갔다.

show up 나타나다(=appear); 폭로하다; (대조적으로) 눈에 띄다

I thought you'd never *show up*.
나는 네가 절대 나타나지 않으리라 생각했다.

for a short time 잠시(=for a long time)

Wait here for a short time.
잠시만 여기에서 기다리세요.

call for ~을 부르다; ~을 요구하다, ~을 필요로 하다

Mountain climbing *calls for* a strong body.
등산은 건강한 몸을 필요로 한다.

❖ **call out for** ~을 전화 주문하다; 몹시 필요로 하다
ex) I will just *call out for* a pizza.
나는 피자를 배달해 달라고 전화할 거예요.

take pride in ~에 긍지를 가지다; ~을 자만하다

He *takes pride in* his job.
그는 자신의 직업에 긍지를 가진다.

do with ~을 처리하다; 다루다, ~을 (어떻게) 하다

Let me show what to *do with* the trash. **trash** 쓰레기
쓰레기 치우는 방법을 알려 줄게요.

❖ **make do with** ~으로 임시변통하다, 때우다
ex) I have to *make do with* fast food.
난 패스트푸드로 끼니를 때워야 한다.

get lost 길을 잃다

I gave you a map so you wouldn't *get lost*.
네가 길을 잃지 않도록 내가 지도를 주었잖아.

in public 공공연히, 대중 앞에서

She was too shy to dance *in public*.
그녀는 수줍음이 너무 많아 대중 앞에서 춤을 추지 못한다.
He's always putting his wife down *in public*.
그는 항상 남이 보는 데서 아내를 깎아내린다.
put down 내려놓다, 비방하다, 헐뜯다

숙어 SPECIAL work for와 work at에 담긴 뜻

work for와 work at은 '~에서 일하다'로 거의 같은 뜻으로 쓰인다고 보면 되지만, 약간의 의미 차이는 있습니다.

work가 at과 붙으면 주로 장소, 건물명 같은 것을 지칭하고, for와 붙으면 회사 이름, 주인 이름 같은 것의 의미로 씁니다. 'I *work for* A.'와 'I *work at* A.' 둘 다 A사에서 일을 하는 것을 의미합니다. A사 사무실에서 일하는 사람은 당연히 A사 직원일 테니까요. A의 자리에 주로 회사 이름 또는 건물명 등이 오기 때문에 같은 뜻으로 볼 수도 있지만 다른 경우도 있습니다.

만약에 B사라는 회사가 있고 그곳 건물 청소를 C사라는 회사에 맡겼다고 가정해 볼까요? 그럼 일하는 곳은 B사가 되고 소속된 회사는 C사가 되겠지요. 이럴 경우에는 'I *work at* B building.'이고, 'I *work for* C.'가 됩니다.

66th Day Test

1 우리말과 같은 뜻이 되도록 빈 칸에 들어갈 알맞은 말을 쓰시오.

1. 그들은 세계 평화를 위해 일한다.
   They work ____________ world peace.
2. 그것은 탐험을 목적으로 만들어졌습니다. **exploration** 탐험
   It was built for the ____________ of exploration.
3. 당신의 능력에 좀 더 자부심을 가져야 한다.
   You should ____________ more pride in your ability.
4. 성은 서쪽 하늘을 배경으로 두드러져 보였다.
   The castle showed ____________ against the western sky.

2 빈 칸에 들어갈 알맞은 말을 〈보기〉에서 찾아 그 기호를 쓰시오.

〈보기〉			
	A. do with	B. get lost	C. in public
	D. take pride in	E. call for	F. near by

1. It sounds like you're____________.
   곁에 있는 것처럼 잘 들립니다.
2. I will____________ you at about seven.
   7시경에 너를 부르러 갈게.
3. What did you____________ that computer?
   그 컴퓨터는 어떻게 처리했습니까?
4. Just follow the path and you won't____________.
   그냥 길만 따라가요. 그러면 길을 잃지 않을 거예요.

3 우리말은 영어로, 영어는 우리말로 옮기시오.

1. Fish can survive for only a short time out of water.
2. 나는 대중 앞에서 노래하기를 꺼린다.

해답

1 1. for 2. purpose 3. take 4. up 2 1. F 2. E 3. A 4. B 3 1. 물고기는 물 밖에서는 아주 잠깐 동안만 살 수 있다. 2. I don't like to sing in public.

67th Day

for the first time 처음으로

I visited Gyungju *for the first time*.
나는 처음으로 경주에 갔다.

call in ~에 잠깐 들르다; (의사 · 전문가 등)을 부르다

Will you *call in* at the supermarket for some eggs and milk?
슈퍼마켓에 들러 달걀과 우유 좀 사오겠니?
He *called in* a doctor.
그는 의사를 불렀다.
❖ **call in question** ~을 의심하다
ex) The boss *called in question* her ability.
사장은 그녀의 능력을 의심했다.

It's getting cold. 점점 추워지고 있다.

Let's go in, *it's getting cold*.
안으로 들어가자, 추워진다.
It sure has been *getting cold* at night lately.
확실히 요즘 들어 밤이 쌀쌀해졌어요.
❖ it은 날씨를 나타낸다.

line up 정렬시키다; 집결시키다

Line up, please, children!
애들아, 정렬!
Please *line up* and take your turn.
줄을 서서 차례를 기다려 주세요.

work on ~에 종사하다; ~의 일[공부]을 하다

I really like to *work on* my computer.
나는 컴퓨터로 일하는 것을 무척이나 좋아한다.
❖ **work on a team** 팀으로 일하다
ex) It's not easy to *work on a team*.
팀을 짜서 일한다는 것은 쉽지 않다.

near at hand 바로 가까이에, 가까운 장래에

There is a library *near at hand*.
바로 근처에 도서관이 있다.

on purpose 일부러, 고의로

He has left the book here *on purpose*.
그는 일부러 책을 여기에 두고 갔다.

hold on 붙잡다; 지속하다; 버티다; (명령문에서) 기다려.

Hold on to my arm.
내 팔을 꼭 붙들고 계십시오.
Hold on for a few more minutes until the chairman comes in.
의장이 들어올 때까지 몇 분 더 기다려 주세요.
❖ 잠깐만 기다리세요. Hold on.=Wait a second.=Wait a minute.

do without ~ 없이 지내다

I cannot *do without* my cell phone.
나는 휴대 전화 없이는 살 수가 없다.

side by side 나란히, 옆으로; 협력하여

The soldiers are marching *side by side*.
병사들이 옆으로 나란히 행진하고 있다.
If we work *side by side*, we can get it.
우리가 협력해서 일한다면 할 수 있을 것이다.

숙어 SPECIAL 일상 생활에서의 **hold on**의 의미

다음 예문은 어떻게 해석할 수 있을까요?
They are *holding on* to the railing. **railing** 난간
hold on은 '붙잡다' 라는 뜻으로 가장 많이 쓰입니다.
버스가 출발하기 전에 운전사가 '잘 잡으세요.' 라는 뜻으로 'Hold on.' 이라고 얘기하기도 합니다.
hold on to 또는 hold onto라고 하면 뭔가에 몸무게를 실어 의지하며 꼭 잡고 있거나 매달려 있는 것을 의미하지요.

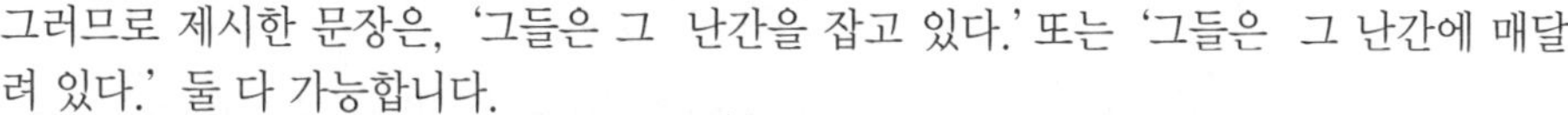

그러므로 제시한 문장은, '그들은 그 난간을 잡고 있다.' 또는 '그들은 그 난간에 매달려 있다.' 둘 다 가능합니다.
참고로 '기대다' 라고 할 때에는 다음 예문과 같이 lean against를 씁니다.
They are *leaning against* the railing. 그들은 난간에 기대고 있다.

67th Day Test

1 우리말과 같은 뜻이 되도록 빈 칸에 들어갈 알맞은 말을 쓰시오.

1. 그는 난생 처음으로 캥거루를 보았다.
   He saw a kangaroo ____________ the first time in his life.
2. 날씨가 날이 갈수록 추워지고 있다.
   It's ____________ colder every day.
3. 잠깐만 기다리세요. 곧 가겠습니다.
   Hold ____________ just a moment. I'll be with you right soon.
4. 크리스마스가 얼마 남지 않았어요.
   Christmas is near at ____________ .

2 빈 칸에 들어갈 알맞은 말을 〈보기〉에서 찾아 그 기호를 쓰시오.

〈보기〉			
	A. line up	B. at work	C. do without
	D. side by side	E. on purpose	F. near at hand

1. She is still ____________ on the painting.
   그녀는 아직도 그림 작업 중이다.
2. We lay down ____________ .
   우리는 나란히 누워 있었다.
3. I didn't do it ____________ .
   그것은 고의가 아니었다.
4. I can ____________ this book till Monday.
   나는 월요일까지 이 책 없이 지낼 수 있다.

3 우리말은 영어로, 영어는 우리말로 옮기시오.

1. 입구에 줄을 서시오.
2. We could call in on Su-mi on the way to your mother's.

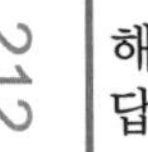

해답

1 1. for 2. getting 3. on 4. hand 2 1. B 2. D 3. E 4. C 3 1. Please line up at the door. 2. 우리가 당신 어머니를 뵈러 가는 길에 수미에게 잠깐 들를 수도 있을 거예요.

68th Day

be in need of ~을 필요로 하다

She *is in need of* medical attention.
그녀는 의학적 치료가 필요하다.
❖ **be in urgent need of** 긴급히 필요하다
ex) I *am in urgent need of* money.
나는 돈이 급히 필요하다.

work out ~을 성취하다; ~를 풀다; 효력을 내다; 결국 ~으로 되다

Scientists are *working out* problems.
과학자들이 문제를 풀고 있다.
I'm sure everything will *work out* fine.
모든 일이 잘 될 거라고 확신한다.

for the time being 당분간, 한동안

I'm staying with my sister *for the time being*.
전 당분간 여동생과 머무르고 있어요.
For the time being, it won't rain.
당분간 비가 오지 않을 것이다.

listen for ~에 귀를 기울이다, 경청하다

What should we *listen for*?
무엇을 들으려고 귀를 기울여야 합니까?
❖ listen to는 들려오는 소리에 귀를 기울여 듣는 것을 뜻하고, listen for는 어떤 소리가 들리지 않나 하고 귀를 기울이는 것을 뜻한다.

put away[aside] ~을 치우다; ~을 저축하다, 비축하다

I'm just going to *put* the book *away*.
난 그냥 책을 치워놓으려던 참이었어요.

no doubt 의심할 바 없이, 아마, 〈구어〉 당연하지.

No doubt I'll stay here.
아마(거의 확실히) 나는 이곳에 머물 것이다.
No doubt she will come here.
틀림없이 그녀는 여기 올 것이다.
❖ **make[have] no doubt of[that]** ~을 확신하다, 틀림없이 ~하다

call on ~을 방문하다; ~하기를 요구하다

May I *call on* you next Wednesday?
다음 주 수요일에 방문해도 될까요?
We are *calling on* you to help us.
우리를 도와주실 것을 요청합니다.

get about (걸어) 돌아다니다(=move about), (소문 등이) 퍼지다

She doesn't *get about* much these days.
그녀가 요즘에는 별로 돌아다니지 않는다.
The news of their victory soon *got about*.
그들의 승리 소식은 곧 퍼졌다.

on the other side of ~의 건너편에

You have take the bus *on the other side of* the road.
건너편에서 버스를 타세요.

hold over ~을 연기하다; ~ 예정 이상으로 계속하다

Do you think you can *hold* it *over* for another week or so?
일주일 정도만 더 연장해 주실 수 있겠습니까?

숙어 SPECIAL **call on과 call at의 차이점**

call on은 '~을 방문하다; ~에게 청하다, 요구하다, 부탁하다' 란 뜻을 갖고 있고, call at은 '~에 잠깐 들르다' 란 의미를 나타내고 있습니다.
둘 다 '방문하다, 들르다' 란 뜻을 포함하고 있지요. 차이점은 사람의 경우에 call on을 쓰고, 장소의 경우에 call at을 쓴다는 점입니다. 즉, call on은 뒤에 사람이 와서 '~(사람)을 방문하다' 혹은 '잠깐 들르다' 는 뜻이 되고, call at은 뒤에 장소를 가리키는 말이 와서 '~(장소)를 방문하다' 라는 뜻이 됩니다.
A. She *called on* me on Tuesday.
그녀는 화요일에 나에게 잠깐 들렀다.
B. The girl *called at* his house.
그 소녀는 그의 집에 들렀다.
call on 과 call at은 문장의 해석상에는 큰 차이가 없습니다.

68th Day Test

1 우리말과 같은 뜻이 되도록 빈 칸에 들어갈 알맞은 말을 쓰시오.

1. 우리는 감자가 더 많이 필요하다.
   We are in ___________ of more potatoes.
2. 그는 당신의 노래에 귀를 기울여 줄 것입니다.
   He will listen ___________ your song.
3. 그 안건은 그 다음 회의때까지 보류되었다.
   The matter was held ___________ until the next meeting.
4. 어젯밤에 할머니를 찾아뵈었다.
   I called ___________ my grandmother last night.

2 빈 칸에 들어갈 알맞은 말을 〈보기〉에서 찾아 그 기호를 쓰시오.

〈보기〉			
	A. for the time being	B. at work	C. work out
	D. side by side	E. no doubt	F. on the other side of

1. He is content to stay in his present job ___________ .
   그는 당분간은 현재의 직장에 머무는 것에 만족한다.
2. Things did not ___________ as we had expected.
   일은 우리들이 생각했던 대로 되지 않았다.
3. There seems to be ___________ about it.
   그것에 대해서는 의심의 여지가 없는 것 같다.
4. He saw the bus ___________ the street.
   그는 그 거리의 건너편에서 버스를 보았다.

3 우리말은 영어로, 영어는 우리말로 옮기시오.

1. The subway system made it easy for people to get about.
2. 네 옷을 치워라.

해답 1 1. need 2. for 3. over 4. on 2 1. A 2. C 3. E 4. F 3 1. 지하철은 사람들이 편하게 이동할 수 있도록 해주었다. 2. Put away your clothes.

69th Day

a little bit　조금, 다소

These shoes are *a little bit* big for me.
이 신발은 내게 좀 크다.

take away　(~을) 가지고 가다; 치우다, 빼앗다

Don't *take* it *away* from me.
그것을 나에게서 가져가지 마세요.
I'll *take away* my old books.
나는 옛날 책들을 모두 치울 것이다.
❖ **Not to be taken away.** 도서관 등의 '반출 금지' 표시

call off　취소하다(=cancel); 중지하다

Maybe we should *call off* the game.
아마 그 경기는 취소해야겠지요.
Our picnic was *called off* because of the rain.
비가 와서 우리의 야유회가 취소되었다.

from time to time　때때로, 이따금(=now and then)

He writes to his parents *from time to time*.
그는 때때로 부모님께 편지를 쓴다.
Such things happen *from time to time*.
그런 일이 드문드문 일어난다.

draw out　~을 잡아 늘이다, 당기다; (은행에서 돈)을 인출하다

Draw out the cork.
코르크 마개를 당겨 뽑아라.
How much money do I need to *draw out*?
돈을 얼마나 인출해야 하지?
❖ **draw in**　(날이) 저물다; (~을) 줄이다
ex) Days are *drawing in*. 날이 짧아지고 있다.

at first sight　첫눈에, 처음 보고; 언뜻 보기에

They fell in love *at first sight*.
그들은 첫눈에 사랑에 빠졌다.
*At first sigh*t they all look alike.
언뜻 보기에는 다 같아 보인다.

at work　일하고 있는; (기계가) 운전 중인

The farmers are hard *at work*.
농부들은 열심히 일하고 있다.

neither A nor B　A도 아니고 B도 아니다

I can *neither* skate *nor* ski.
나는 스케이트도 못 타고 스키도 못 탄다.

get across　가로지르다, 건너다; 알게 하다

They *got across* the river by boat.
그들은 배로 강을 건넜다.

put down　내려놓다

Put down your load and rest.
짐을 내려놓고 쉬어라.

숙어 SPECIAL　neither A nor B의 뜻풀이

neither는 'neither A nor B' 로 쓰이며 'A, B 둘 다 아니다' 라는 뜻을 가지고 있습니다. 이는 'either A or B' (A 혹은 B 중에 하나)라는 단어에 n이 추가된 형태라고 볼 수 있지요. 즉 'n(부정 의미)+or' 입니다.

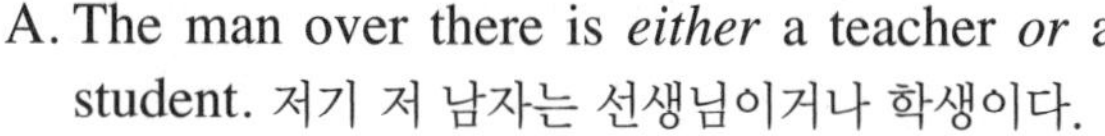

A. The man over there is *either* a teacher *or* a student. 저기 저 남자는 선생님이거나 학생이다.

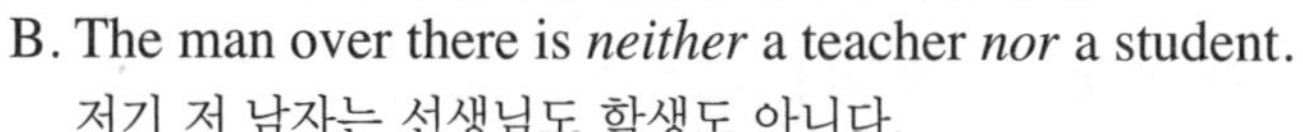

B. The man over there is *neither* a teacher *nor* a student.
저기 저 남자는 선생님도 학생도 아니다.

A 문장은 either 뒤에 따르는 두 개 혹은 그 이상의 명사 중 하나라는 말입니다. B 문장은 neither 뒤에 따르는 그 어느 것도 아니라고 부정하는 것입니다. 쉽게 말해서 either는 긍정, neither는 부정입니다. 또한 neither는 앞 사람이 부정문으로 이야기했을 때 거기에 동조하는 뜻을 가지기도 하지요.

A: I didn't go to her birthday party yesterday.
나는 어제 그녀 생일파티에 가지 않았어.

B: Me, neither.
나도 그래.(나도 가지 않았어.)

69th Day Test

1 우리말과 같은 뜻이 되도록 빈 칸에 들어갈 알맞은 말을 쓰시오.

1. 이 빈 상자는 치우고 가득 찬 상자를 하나 가져오세요.
   Take this empty box ____________ and bring me a full one.
2. 나는 50달러를 인출하였다.
   I drew ____________ 50 dollars.
3. 아버지는 지금 직장에 가시고 안 계십니다.
   My father is ____________ work now.
4. 우리는 강을 건널 수가 없었다.
   We couldn't get ____________ the river.

2 빈 칸에 들어갈 알맞은 말을 〈보기〉에서 찾아 그 기호를 쓰시오.

〈보기〉			
	A. from time to time	B. at first sight	C. draw out
	D. put down	E. call off	F. a little bit

1. Do you believe in love ____________ ?
   당신은 첫눈에 반한 사랑을 믿나요?
2. I didn't ____________ the book until I finish it.
   나는 다 읽을 때까지 책을 내려놓지 않았다.
3. I think you're ____________ fat.
   네가 좀 뚱뚱해서 그래.
4. I hope we can see each other ____________ .
   우리 가끔씩 서로 만났으면 좋겠다.

3 우리말은 영어로, 영어는 우리말로 옮기시오.

1. 취소시키세요!
2. I neither know nor care what happened to him.

해답 1 1. away 2. out 3. at 4. across 2 1. B 2. D 3. F 4. A 3 1. Call it off! 2. 난 그에게 무슨 일이 있었는지 알지도 못하고 관심도 없다.

70th Day

next door to ~의 이웃에

I've lived *next door to* him for years.
나는 수년 동안 그의 옆집에 살았다.

put in ~에 넣다, 제출하다, (시간)을 보내다

Did you *put* sugar *in* my coffee?
내 커피에 설탕 넣었어요?
I *put in* twelve hours doing this report.
내가 이 리포트를 쓰는 데 열두 시간이 걸렸다.
❖ **put words in one's mouth** 남이 (하지 않은 말을) 했다고 말하다
ex) Why are you *putting words in my mouth*?
왜 하지도 않은 말을 했다고 하는 겁니까?

in the world (의문사를 강조하여) 도대체

What *in the world* does he mean?
도대체 그는 어쩌자는 건가?

draw up 끌어올리다, 끌어당기다; (자동차 등이) 서다; 작성하다

I *drew* my chair *up* closer to the fire.
나는 의자를 난로 더 가까이로 바짝 끌어당겼다.
A police car *drew up* outside the building.
경찰차가 건물 밖에 섰다.
❖ **draw up a document** 서류[문서]를 작성하다

little or no 거의 없다시피 한

I tried to persuade her, but with *little or no* effect.
나는 그녀를 설득하려고 애썼지만 거의 효과가 없었다.
The film has *little or no* resemblance to the novel.
그 영화는 소설과는 비슷한 구석이 거의 없다. **resemblance** 유사, 닮음

call up ~에게 전화를 걸다, 불러내다

Don't forget to *call up* your mother.
네 어머니께 전화하는 것 잊지 마라.
I *called up* his address on the computer.
나는 컴퓨터에서 그의 주소를 불러내었다.

have a good time 즐거운 시간을 보내다

I hope you all *have a good time* here.
여러분 모두가 이곳에서 즐거운 시간이 되었으면 좋겠습니다.
They *had a good time* at the party.
그들은 파티에서 즐거운 시간을 보냈다.

at home 집에 있는, 집에서

I feel *at home* when I am with him.
그와 함께 있으면 마음이 편하다.
I will be *at home* this evening.
오늘 저녁에는 집에 있을 것이다.

out of sight 보이지 않는 곳에

Out of sight, out of mind.
《속담》 눈에서 멀어지면 마음도 멀어진다.
They walked until they were *out of sight* of the house.
그들은 집에서 보이지 않을 때까지 걸었다.

get along with ~와 사이좋게 지내다

He always *gets along with* his brother.
그는 그의 동생과 항상 사이좋게 지낸다.
❖ **get along without** ~없이 해나가다[지내다]
ex) We can't *get along without* money.
우리는 돈이 없이는 살아갈 수 없다.

숙어 SPECIAL Have a good time.과 Have good time.

언뜻 보면 Have good time.이라는 표현이 문법적으로 전혀 문제가 되는 것은 아닙니다. 일반적으로 time은 셀 수 없는 명사이기 때문에 부정관사를 붙이지 못한다는 측면에서는 그렇습니다. 하지만 여기에서 time은 특별한 시간 또는 일정한 하나의 기간이라는 의미로 사용한 것이기 때문에 부정관사를 붙입니다.
Have a good time.과 비슷한 표현인 Have a good day.를 살펴보면 time과 day가 동일한 뜻으로 사용된 것을 알 수 있습니다. day는 셀 수 있는 명사이므로 부정관사를 붙일 수 있지요. 또한 day도 일정한 기간을 가리키고, time 역시 일정한 기간을 나타냅니다. 따라서 Have good time.은 구조상으로 틀린 문장이고, 영어권에서 절대로 쓰이지 않습니다.

70th Day Test

1 우리말과 같은 뜻이 되도록 빈 칸에 들어갈 알맞은 말을 쓰시오.

1. 저는 정말 즐겁게 지냈습니다.
   I have ____________ a real good time.
2. 그녀는 지갑에 동전을 넣었다.
   She put coins ____________ her purse.
3. 그는 입구에 차를 갖다 댔다.
   He drew ____________ to the entrance.
4. 도대체 너 어떻게 된 거야?
   What in the ____________ happened to you?

2 빈 칸에 들어갈 알맞은 말을 〈보기〉에서 찾아 그 기호를 쓰시오.

〈보기〉			
	A. little or no	B. call up	C. out of sight
	D. next door to	E. get along with	F. put in

1. I have ____________ hope.
   나는 가망이 거의 없다.
2. She lives ____________ us.
   그 여자는 우리 이웃에 산다.
3. Do you ____________ your brothers?
   당신은 형제들과 잘 지내고 있나요?
4. Swimming in the pond, the car was ____________ .
   연못에서 헤엄치고 있었으므로 차가 보이지 않았다.

3 우리말은 영어로, 영어는 우리말로 옮기시오.

1. 저에게 6시에 전화 좀 주세요.
2. When I stay at home, I always sit in front of the computer.

해답

1 1. had 2. in 3. up 4. world 2 1. A 2. D 3. E 4. C 3 1. Please call me up at six.
2. 집에 있을 때, 나는 항상 컴퓨터 앞에 앉아 있다.

71st Day

put off ~을 연기하다, 미루다

I *put off* my homework until tomorrow.
나는 숙제를 내일로 미루었다.
Never *put off* till tomorrow what you can do today.
《속담》 오늘 할 수 있는 일을 내일로 미루지 마라.

be dressed in ~을 입고 있다

She *was dressed in* a beautiful dress.
그녀는 아름다운 옷을 입고 있다.

all night (long) 밤새

We talked to each other *all night long*.
우리는 밤새도록 서로 이야기했다.

make oneself at home 마음 편하게 하다, 편히 쉬다

Make yourself at home while I go get it.
그것을 가지고 올 동안 편히 계세요.

sit up (누워 있다가) 일어나 앉다, 일으켜 앉히다

The nurse *sat up* the old man in his bed.
간호사가 침대에 누워있던 노인을 일으켜 앉혔다.
The patient is well enough to *sit up* in bed now.
환자가 이제는 침대에서 일어나 앉을 만큼 건강해졌다.

all over the world 전 세계적으로

I wish to travel *all over the world*.
세계 일주 한 번 해 봤으면 소원이 없겠어요.
The musician became famous *all over the world*.
그 음악가는 세계적으로 유명한 음악가가 되었다.

in no time 곧, 즉시

She will be here *in no time*.
그 여자는 곧 여기에 올 것이다.

cannot help ~ing ~하지 않을 수 없다(=cannot but+동사원형)

I *couldn't help laughing*.(= I could not but laugh.)
나는 웃지 않을 수 없었다.
❖ avoid(피하다)의 뜻인 help는 can과 함께 쓰인다.

get away 떠나다, 도망하다(=run away)

We may not be able to *get away*.
우리가 갈 수 없을지도 모르겠다.
He tried to *get away* but couldn't.
그는 달아나려고 했으나 불가능했다.
❖ **get away with** ~을 벌 받지 않고 (무난히) 해내다
ex) He cheated in the examination, but he *got away with* it.
그는 시험에서 부정행위를 했지만 벌 받지 않고 넘어갔다.
cheat 속이다, 부정한 짓을 하다

not a little 적잖이(양, 정도), 상당히

He was *not a little* surprised at the news.
그는 그 소식을 듣고 크게 놀랐다.
❖ **not a few** 적지 않은 (수), 꽤 많은 수의(=a good few, quite a few)

숙어 SPECIAL **cannot help 뒤에 ing가 오는 이유**

help의 일반적인 용법은 'help+~ing'가 아닌 'help+(to) 동사원형', 'help+목적어+(to) 동사원형'이며, help는 사역동사는 아닙니다. 다만 미국과 영국 구어에서는 to가 생략되어 사용되므로 굳이 말한다면 준사역동사라고 볼 수 있지요.
그러나 cannot help ~ing에서 help는 '삼가다, 꺼리다, 피하다'는 뜻으로 일반적으로 많이 쓰이는 '돕다'라는 뜻과 큰 차이가 있습니다. 이 경우에만 'help+~ing'를 씁니다. 대부분의 '삼가다'는 뜻을 가진 동사(예를 들면 avoid, escape 등) 다음에 to부정사가 아닌 '동사+ing 형태'가 오는 것이 이것과 연관된 것입니다.
즉, '돕는다'는 뜻과 차별성을 줌과 동시에 아울러 '삼가다'는 뜻의 다른 동사의 어법과 일치시킨 용법이라고 볼 수 있습니다.

71st Day Test

1 우리말과 같은 뜻이 되도록 빈 칸에 들어갈 알맞은 말을 쓰시오.

1. He keeps putting ____________ going to the dentist.
   그는 치과에 갈 일을 계속 미루고 있다.
2. He was dressed all ____________ black.
   그는 온통 검은 옷으로 차려입었다.
3. She was not a ____________ worried about the expense.
   그녀는 경비에 대해 적잖이 걱정했다.
4. Please make yourself at ____________ .
   자, 편히 하십시오.

2 빈 칸에 들어갈 알맞은 말을 〈보기〉에서 찾아 그 기호를 쓰시오.

〈보기〉			
	A. not a little	B. get away	C. sit up
	D. all over the world	E. all night long	F. in no time

1. I couldn't ____________ before now.
   전에는 빠져 나올 수 없었습니다.
2. They traveled ____________ .
   그들은 세계 곳곳을 여행했다.
3. No. You'll be done ____________ .
   그래요. 곧 끝날 것입니다.
4. We often ____________ all night.
   우리는 밤샘하기가 일쑤이다.

3 우리말은 영어로, 영어는 우리말로 옮기시오.

1. I cannot help reconsidering what happiness is. **reconsider** 재고하다
2. 그들은 밤새도록 텔레비전을 보았다.

해답

1 1. off 2. in 3. little 4. home 2 1. B 2. D 3. F 4. C 3 1. 무엇이 행복인가 하는 것을 다시금 생각하지 않을 수 없다. 2. They watched TV all night long.

72nd Day

sleep over 밖에서 잠을 자다, 외박하다

Did you *sleep over* last night?
어젯밤에 밖에서 주무셨습니까?
❖ **lose sleep over** 잠도 못 자고 ~을 걱정하다
ex) It's not worth *losing sleep over*.
그건 크게 걱정할 가치가 없는 일이다.

little by little 조금씩, 점점

Little by little the snow disappeared.
조금씩 눈이 사라졌다.

get back 돌아오다; ~을 도로 찾다

Get back home early.
일찍 집에 돌아와라.
The old man *got back* his sight.
그 노인은 시력을 되찾았다.

put on (옷)을 입다; (신발 등)을 신다; (장갑 등)을 끼다; (화장)을 하다

I had breakfast and *put on* my school uniform.
아침 식사를 하고 교복을 입었다.
I *put on* some makeup today.
오늘 화장을 좀 했다.
❖ **put one's finger on** ~을 정확하게 지적하다
ex) I can't *put my finger on* it.
정확히 집어서 말하지는 못하겠어요.

worry about ~에 대해 걱정하다, 고민하다(=be anxious about)

There's nothing to *worry about*.
걱정할 것은 하나도 없다.

at night 밤에

At night you can see the stars.
밤에는 그 별들을 볼 수가 있다.

by the hour 시간제로

She gets paid *by the hour*.
그 여자는 시간제로 급여를 받는다.

in time 시간 내에, ~보다 일찍

I arrived at the station *in time* for the train.
나는 기차 시간 보다 일찍 역에 도착했다.

❖ **on time** 정각에(=punctually)

'~을 위한 시간에 맞게' 또는 '~을 할 수 있는 시간에 맞게'는 'in time for+명사'나 'in time to+부정사'로 나타낸다.

take care 주의하다, 조심하다

Take care when crossing the street.
길을 건널 때 주의하시오.
Take care, and good night.
조심해서 잘 가, 안녕.

dress up 정장을 하다, ~으로 차려입다

You do not need to *dress up* for dinner.
당신은 만찬 때 정장을 입을 필요가 없습니다.

숙어 SPECIAL put on과 wear의 표현 차이

put on과 wear는 '옷을 입다'로 그 뜻이 거의 비슷한데, 약간의 차이점이 있습니다. wear는 일반적인 '입는다'는 의미로, '어떤 옷을 입고 있다' 또는 '평상시에 어떤 식의 옷을 입는다'는 뜻에 가깝지요.

I like to *wear* casual clothes.
나는 캐주얼한 옷을 입는 것을 좋아한다.
put on은 말 그대로 구체적인 동작을 의미합니다. '옷(목적어)을 집어서(put) 몸에 걸친다(on)'고 생각하면 이해하기 쉽습니다.
I can't *put* my *pants* on.
나는 바지를 입을 수가 없다.
그러나 put on은 동작에 중점을 두기 때문에 wear와 같이 입은 상태를 가리키는 말로는 쓸 수 없습니다.

72nd Day Test

1 우리말과 같은 뜻이 되도록 빈 칸에 들어갈 알맞은 말을 쓰시오.

1. 계산은 걱정 말아라. 내가 지불할게.
   Don't ____________ about the bill. I'll pay it.
2. 나는 복학할 예정이다.
   I will get ____________ to school.
3. 나는 안경을 쓴다.
   I put ____________ my reading glasses.
4. 그는 카우보이 차림을 했다.
   He dressed ____________ as a cowboy.

2 빈 칸에 들어갈 알맞은 말을 〈보기〉에서 찾아 그 기호를 쓰시오.

〈보기〉	A. get back	B. by the hour	C. in time
	D. take care of	E. sleep over	F. put on

1. He is too young to ____________ himself.
   그는 너무 어려서 제 몸도 돌보지 못한다.
2. They hire out boats ____________.
   그들은 시간 단위로 보트를 빌려준다.
3. You're welcome to ____________.
   밖에서 자고 와도 좋다.
4. Jin-su arrived ____________ for lunch.
   진수는 점심 시간에 맞춰 도착했다.

3 우리말은 영어로, 영어는 우리말로 옮기시오.

1. 나는 밤에 일한다.
2. Little by little, he began to understand what we were talking about.

해답 1 1. worry 2. back 3. on 4. up 2 1. D 2. B 3. E 4. C 3 1. I work at night. 2. 조금씩 그는 우리들이 이야기하던 일을 이해하기 시작하였다.

73rd Day

hand over ~을 넘겨주다, 양도하다

Hand the book *over*.
그 책을 이쪽으로 넘겨 다오.
The thief forced him to *hand over* the money.
도둑은 그에게 돈을 넘겨줄 것을 강요했다.

would like to ~하고 싶다(=want to)

We *would like to* look at many things.
우리는 많은 것을 구경하고 싶다.
I *would like to* reserve a seat to Seoul.
저는 서울행 항공기 좌석을 예약하고 싶습니다.
❖ 상대방의 희망을 물을 때에는 Would you like to ~?를 쓴다.
ex) *Would you like to* speak to someone else?
다른 분과 통화하시겠습니까?

get dressed 옷을 차려 입다

She *got dressed* quickly.
그 여자는 빨리 옷을 차려 입었다.

get by 지나가다, 통과하다; 그럭저럭 해나가다

Excuse me. Could I *get by*?
실례합니다. 좀 지나가도 됩니까?
He should just about *get by* in the exam.
그는 어렵게라도 그럭저럭 시험에 합격할 것이다.

on time 시간대로, 정각에

The train was[arrived] *on time*.
기차가 정시에 도착했다.
❖ **just in time** 겨우 시간에 맞춰
ex) We were only *just in time* for the last train.
우리들은 아슬아슬하게 마지막 기차에 맞출 수 있었다.

live on ~을 먹고 살다; ~으로 생계를 꾸려 나가다

They *live on* leaves and grass.
그들은 나뭇잎과 풀을 먹고 산다.

take care of ~을 보살피다(=look after, care for); 책임지다

Your aunt will *take care of* the dog.
너의 숙모님이 개를 돌보아 줄 것이다.
He's old enough to *take care of* himself.
그는 스스로를 책임질 정도의 나이가 되었다.
❖ **take care of business** 일을 잘 처리하다, 할 일을 하다

put out (전등 · 불 등)을 끄다; (밖에) 내놓다

We *put out* the fire with water.
우리는 물로 불을 껐다.
Have you *put* the cat *out* yet?
고양이를 벌써 내놨어요?

hurry up 서두르다

In-ho, *hurry up*, or we'll be late for school.
인호야, 서둘러. 그렇지 않으면 우리는 학교에 늦을 거야.

go to sleep 잠자리에 들다

Go to sleep now, it's too late.
이제 자러 가. 너무 늦었어.

숙어 SPECIAL 상황에 따라 다른 would like to와 want

would like to는 말 그대로 '~했으면 좋겠다' 란 뜻이고, want는 '~하고 싶다' 라는 뜻입니다.
would like to는 완곡하면서도 친절한 표현, 부드러운 표현이라고 할 수 있고, want는 직설적인 표현으로 '나는 이것을 원한다(나는 이것이 해야 한다)' 는 의미가 포함되어 있습니다. 즉, 좀 더 욕망이 강한 느낌입니다.
A. I *want to* go. 나는 가고 싶다.
B. I *would like to* go. 나는 갔으면 좋겠다.
따라서 would like to가 좀 더 예의 바른 표현으로 쓰이고 있습니다.
따라서 처음 보는 사람에게 시간을 물어본다거나, 가게 종업원 등한테 질문을 할 때에는 'I want to know ~' 와 같은 식이 아니라, 'I would like to know ~' 가 더 어울립니다.

73rd Day Test

[1] 우리말과 같은 뜻이 되도록 빈 칸에 들어갈 알맞은 말을 쓰시오.

1. 그들은 나를 경찰에 넘길 것이다.
   They will hand me ____________ to the police.
2. 지금 떠났으면 하는데요.
   I would ____________ to leave now.
3. 내가 잠자리에 들 때마다 전화벨이 울렸다.
   Whenever I went ____________ sleep, the phone rang.
4. 사람은 땅에 살고 물고기는 바다에 산다.
   People live ____________ land, and fish live in the sea.

[2] 빈 칸에 들어갈 알맞은 말을 〈보기〉에서 찾아 그 기호를 쓰시오.

〈보기〉			
	A. take care of	B. hand over	C. hurry up
	D. put out	E. on time	F. get dressed

1. He went there ____________.
   그는 예정 시간대로 그 곳에 갔다.
2. ____________ yourself.
   조심해서 가세요.
3. ____________ and get ready, we're waiting!
   서둘러 준비해. 우리가 기다리고 있잖아!
4. He went into his bedroom to ____________.
   그는 옷을 입기 위해 침실로 들어갔다.

[3] 우리말은 영어로, 영어는 우리말로 옮기시오.

1. Don't forget to put out the light when you leave.
2. 제가 좀 지나가도 될까요?

해답
[1] 1. over 2. like 3. to 4. on [2] 1. E 2. A 3. C 4. F [3] 1. 갈 때 불 끄는 것을 잊지 마세요. 2. May I get by?

74th Day

care for ~을 보살피다; ~을 좋아하다

No one *cared for* her very much.
아무도 그녀를 잘 돌보지 않았다.
Do you *care for* music?
너는 음악을 좋아하니?

drop in[by] 잠깐 들르다

Will you *drop in* me[*by* my house] on the way?
도중에 내게(나의 집에) 들르겠니?
❖ **drop in for** ~를 위해 잠시 들르다
ex) I'll *drop in for* a visit.
내가 잠깐 들러볼게요.

no longer 더 이상 ~ 아닌(=not ~ any longer), 이미 ~이 아닌

He is *no longe*r here in Seoul.
그는 이제 서울에 없다.
You are *no longer* a little boy.
너는 더 이상 어린아이가 아니다.
(=You are *not* a little boy *any longer*.)

on the hour 정각에, 어김없이.

I have to take this medicine every hour *on the hour*. **medicine** 약
나는 이 약을 매번 정시에 먹지 않으면 안 된다.

in no hurry 서두르지 않고; (부정문에서) 쉽게, 용이하게

She was *in no hurry* to leave.
그 여자는 좀처럼 떠나려고 하지 않았다.
❖ Don't hurry.는 '서두르지 마라.' 라는 뜻의 명령문이고, 'no hurry' 는 '서두르지 않고' 의 뜻이다.

quarrel with[about] ~와[에 대해] 다투다

She has a *quarrel with* her sister.
그녀는 자기 동생과 싸웠다.

time after time 몇 번이고, 반복하여

I've told you *time after time* not to park here.
이곳에 주차하지 말라고 몇 번이나 말했잖아.

long after 훨씬 후에

The rumors persisted *long after* he left here.
그가 여기를 떠난 후에도 오랫동안 소문이 끊이지 않았다.
rumor 소문 **persist** 고집하다, 지속하다

get in ~에 들어가다, (소형차에) 타다(=get on); 거둬들이다

Okay. *get in*. I'm going that way.
좋아, 타세요. 나도 그쪽으로 가는 길이에요.
Will you *get* the washing *in*?
빨래 좀 거둬들일래?

so far 지금까지(=until now)

So far the weather has been fine.
지금까지는 날씨가 좋았다.
❖ **so far as I know** 내가 아는 한
ex) *So far as I know*, he is not a wicked man.
내가 알고 있는 한에서는 그는 악인이 아니다.

숙어 SPECIAL no longer와 not ~ any longer

no longer와 **not ~ any longer**는 '더 이상 ~아니다, 이제는 ~아니다' 라는 뜻의 같은 구문입니다.
A. You are *no longer* a child. 당신은 이제 아이가 아니다.
= You are *not* a child *any longer*.
B. I could wait for him *no longer*. 나는 더 이상 그를 기다릴 수 없었다.
= I could *not* wait for him *any longer*.
한편, no longer, not ~ any longer 대신에 no more, not ~ any more를 쓰기도 합니다.
C. I can stand it *no more*. 나는 더 이상은 참을 수가 없다.
= I can*not* stand it *any more*.

74th Day Test

1 우리말과 같은 뜻이 되도록 빈 칸에 들어갈 알맞은 말을 쓰시오.

1. 나는 커피를 좋아하지 않는다.
   I don't care ____________ coffee.
2. 넌 어젯밤에 아주 늦게 들어왔더구나.
   You got ____________ very late last night.
3. 그 버스는 매시 정각에 출발한다.
   The bus leaves every hour on the ____________ .
4. 그들은 거의 모든 일에 대해 다투었다.
   They ____________ about almost everything.

2 빈 칸에 들어갈 알맞은 말을 〈보기〉에서 찾아 그 기호를 쓰시오.

〈보기〉			
	A. long after	B. care for	C. time after time
	D. drop in	E. in no hurry	F. no longer

1. That's alright. I'm ____________ .
   괜찮습니다. 급하지 않습니다.
2. It reappeared ____________ .
   그것은 한참 후에 다시 나타났다.
3. I heard a scream ____________ .
   나는 비명 소리를 여러 번 들었다.
4. Let's ____________ on Jin-gyu when we're in Pusan, shall we?
   우리가 부산에 가면 진규에게 잠깐 들르자, 응?

3 우리말은 영어로, 영어는 우리말로 옮기시오.

1. I have gotten one letter from him so far.
2. 그는 이제 여기에 살지 않는다.

해답

1 1. for 2. in 3. hour 4. quarreled 2 1. E 2. A 3. C 4. D 3 1. 나는 지금까지 그로부터 편지 한 통을 받았다. 2. He is no longer live here.

75th Day

write down ~을 기록하다, 적어 두다

He *wrote down* her lecture.
그는 그 여자의 수업 내용을 적어 두었다.

get into ~으로 들어가다, (어떤 상태)가 되다

How did you *get into* the beautiful flower?
당신은 어떻게 그 아름다운 꽃 속으로 들어갔습니까?
I think we can *get* your son *into* university.
우리가 당신의 아들을 대학에 입학시킬 수 있을 것 같습니다.
❖ **get into a car** 자동차에 타다
get into an elementary school. 초등학교에 입학하다

dry up 바짝 마르다

Warm breezes from the South *dried up* the streets.
남쪽에서 따뜻한 바람이 불어와 길이 말랐다.

be tired of 싫증나다, 지겨워하다

I'*m tired of* this work.
나는 이 일이 지겹다.
I *am* sick and *tired of* his behavior.
그의 그런 행동이 이제는 지겹다.

carry away ~을 가지고 가다, 휩쓸어 가다; 넋을 잃게 하다

He can *carry* it *away*.
그는 그것을 가져갈 수 있다.
I got so *carried away* watching the race that I forgot to call you.
그 경기를 보느라 정신이 홀려 네게 전화하는 것을 잊었다.
❖ **Not get carried away!** 흥분하지 말자!

no problem 문제없어, 괜찮아; 천만에

Sure. *No problem*.
그럼요. 문제없습니다.
Oh, *no problem*. It was my pleasure.
천만에. 도와 줄 수 있어서 내가 기뻤어.

to start with 맨 먼저, 우선

To start with, I must thank you for your help.
먼저, 당신의 도움에 감사 드립니다.

beyond (all) question 확실히, 의심할 나위 없이

Her diligence is *beyond question*.
그 여자의 부지런함은 의심할 나위가 없다.
❖ **out of question** 의심할 여지가 없는
ex) Her innocence is *out of question*.
그녀의 결백은 의심할 여지가 없다.

in a hurry 서둘러서, 급하게

They were *in a hurry* to set out.
그들은 서둘러 떠나려고 했다.

go wrong 길을 잘못 들다; 정도를 벗어나다; (일이) 잘 안 되다

Everything is *going wrong* today.
오늘은 하는 일마다 되는 것이 없다.
Where did I *go wrong* in my calculations? **calculation** 계산
계산이 어디가 잘못되었나요?

숙어 SPECIAL to start with와 for the first time

to start with는 '우선' 이라는 뜻이고, for the first time은 '처음으로' 라는 뜻입니다. '처음으로' 와 '우선' 은 우리말 뜻이 비슷해서 그 차이를 명확히 구분하기가 좀 곤란할 수도 있습니다. 이는 시간상의 의미가 아니라, 어휘를 사용하는 용도의 차이라고 볼 수 있습니다.
To start with he introduced him self.
그는 우선 자기 소개부터 했다.
I won the lottery *for the first time* in my life.
제 인생에서 처음으로 복권에 당첨 되었어요.
앞의 '우선' 은 '다른 것을 하기 전에 먼저' 라는 의미이고, 뒤의 '처음으로' 는 '그 전에 경험해 보지 못한 무엇인가를 처음 할 때' 라는 의미입니다.

75th Day Test

1 우리말과 같은 뜻이 되도록 빈 칸에 들어갈 알맞은 말을 쓰시오.

1. 그 수영장은 물이 말라버렸다.
   The pool had dried ___________ .
2. 그가 정직하다는 것은 의심할 여지가 없다.
   His honesty is ___________ question.
3. 그녀는 급류에 떠내려 갔다.
   She was carried ___________ by the torrent. **torrent** 급류
4. 뭔가 잘못되면 우린 누구한테 전화해야 해요?
   Who do we call if something ___________ wrong?

2 빈 칸에 들어갈 알맞은 말을 〈보기〉에서 찾아 그 기호를 쓰시오.

〈보기〉			
	A. in a hurry	B. to start with	C. carry away
	D. get into	E. go wrong	F. no problem

1. I want to ___________ the club.
   나는 그 동아리에 가입하고 싶었다.
2. We'll have ___________ .
   우리에겐 더 이상 문제가 없을 겁니다.
3. ___________ , I must thank you for your advice.
   무엇보다 먼저 당신의 충고에 감사드립니다.
4. He crossed the street ___________ .
   그는 황급히 길을 건넜다.

3 우리말은 영어로, 영어는 우리말로 옮기시오.

1. 그녀는 독서에 싫증이 났다.
2. Write down the address before you forget it.

해답

1 1. up 2. beyond 3. away 4. goes 2 1. D 2. F 3. B 4. A 3 1. She is tired of reading.
2. 잊기 전에 주소를 적어 두세요.

생활 영어 속의 숙어 100선

001 **A** : She looks like her mother.
B : I think so, too.
A : 그녀는 그녀의 어머니를 닮았어.
B : 나도 그렇게 생각해.
❖ look like ~처럼 보이다, 닮다

002 **A** : How are you doing?
B : I'm fine, thanks. And you?
A : 잘 지내고 있니?
B : 잘 지내고 있어요. 당신은 어떻습니까?
❖ thanks = thank you 고마워요

003 **A** : Can you speak English?
B : Yes, but only a little.
A : 영어를 말할 수 있어요?
B : 예, 하지만 조금밖에 못 해요.
❖ a little 조금

004 **A** : What time do you go to bed?
B : I go to bed at ten.
A : 몇 시에 잡니까?
B : 10시에 잡니다.
❖ go to bed 잠자리에 들다, 잠자다

005 **A** : What do you do in your free time?
B : I listen to classical music.
A : 너는 여가 시간에 무엇을 하니?
B : 나는 클래식 음악을 들어.
❖ listen to ~을 듣다 classical : 고전적인

006 **A** : What does he do after dinner?
B : He does his homework.
A : 그는 저녁 식사 후에 무엇을 합니까?
B : 그는 숙제를 합니다.
❖ do one's homework 숙제를 하다

007 **A** : Where is John Williams from?
B : He's from America.
A : 존 윌리엄즈는 어디 출신입니까?
B : 그는 미국 출신입니다.
❖ be from ~출신이다

008 **A** : What do you do after school?
B : I do my homework all the time.
A : 너는 방과 후에 무엇을 하니?
B : 저는 항상 숙제를 합니다.
❖ after school 방과 후 all the time(= always) 항상

009 **A** : What are you looking for?
B : I'm looking for a silver ring.
A : 무엇을 찾고 있니?
B : 은반지를 찾고 있어요.
❖ look for ~을 찾다

010 **A** : Why is she in a hurry?
B : Her first class begins at nine.
A : 그녀가 왜 서두르지요?
B : 그녀의 첫 수업이 9시에 시작해서요.
❖ in a hurry 서둘러서

011 **A** : Let's play here.
B : No. Look out! A car is coming.
A : 여기서 놀자.
B : 안 돼. 조심해! 차가 오고 있어.
❖ look out = watch out 조심하다

012 **A** : Why is he late for school every day?
B : Because his mother is very sick.
A : 왜 그는 날마다 학교에 늦습니까?
B : 그의 어머니께서 많이 편찮으시기 때문입니다.
❖ be late for ~에 늦다, 지각하다

013 **A** : How do you want to go?
B : I want to go by plane.
A : 어떻게 가고 싶으세요?
B : 비행기를 타고 가고 싶어요.
❖ by plane 비행기 타고, 비행기로

014 **A** : Excuse me, how do I get to Mun-hwa Middle School?
B : Take the number six here.
A : 실례합니다. 어떻게 문화 중학교에 갈 수 있습니까?
B : 여기에서 6번 버스를 타세요.
❖ get to = reach ~에 이르다

015 **A** : Why do birds fly to the south for the winter?
B : Because it's too cold to live.
A : 왜 새들은 겨울에 남쪽으로 날아가죠?
B : 너무 추워서 살 수 없기 때문이죠.
❖ too ~ to … 너무 ~해서 …할 수 없다

016 **A** : This essay on your dog is the same as your big brother's.
B : Yes, sir, it's the same dog.
A : 너희 집 개에 관해서 지은 이 작문은 네 형의 것과 똑같구나.
B : 그럼요, 똑같은 개이니까요.
❖ the same 똑같은, ~와 마찬가지로 essay 수필, 작문

017 **A** : I have a bad cold.
B : That's too bad.
A : 나는 독감에 걸렸어.
B : 그것 참 안 됐구나.
❖ have a cold(=catch a cold, get a cold) 감기에 걸리다

018 **A** : You must not go into the room.
B : Sorry. I didn't know that.
A : 너 그 방에 들어가면 안 돼.
B : 미안해. 몰랐어.
❖ must not ~해서는 안 된다

019 **A** : What are you going to do during the spring break?
B : I'll take a trip to Jeju-do.
A : 봄방학 동안 무엇을 할 예정이니?
B : 제주도로 여행갈 거야.
❖ take a trip 여행하다　during ~ 동안

020 **A** : Do you agree with me?
B : Su-mi as well as I.
A : 나에게 동의하니?
B : 나뿐 아니라 수미도 동의해.
❖ A as well as B　B 뿐만 아니라 A도

021 **A** : Mom had me send for a doctor.
B : What's the matter?
A : 엄마가 나에게 의사를 불러오도록 시키셨어.
B : 무슨 일로?
❖ send for ~를 부르러 보내다

022 **A** : How's your watch? Mine is out of order.
B : This watch keeps good time.
A : 네 시계는 어때? 내 건 고장이야.
B : 이 시계는 시간이 잘 맞아.
❖ out of order 고장 난
keep good time (시계가) 정확하다

023 **A** : Tomorrow is Jin-su's birthday.
B : Yes, we are preparing for a surprise party.
A : 내일이 진수의 생일이야.
B : 그래. 우리는 깜짝 파티를 준비하고 있어.
❖ prepare for ~을 준비하다

024 **A** : Every flower has its perfume.
B : I don't agree with you.
A : 모든 꽃은 제각기 향기가 있는 법이야.
B : 나는 네 생각에 동의하지 않아.
❖ agree with ~에 동의하다　perfume 향기

025 **A** : We're going to play tennis this afternoon. I hope you can join us.

B : Sure.

A : 우리 오늘 오후에 테니스를 칠 예정이야. 너도 함께 했으면 좋겠는데.

B : 물론이지.

❖ be going to ~할 예정이다 join ~에 동참하다
Sure. 물론이지.(Of course. Certainly. 등과 같은 표현임)

026 **A** : I'm going to take a walk.

B : But it may rain any time.

A : 나 산책 나갈 예정이야.

B : 하지만 곧 비가 올 것 같은데.

❖ take a walk 산책하다 any time 금방이라도; 언제라도

027 **A** : That must be Su-mi's bag.

B : How do you know?

A : 그것은 수미의 가방이 틀림없어.

B : 어떻게 아니?

❖ must be ~임에 틀림없다

028 **A** : Is anything wrong?

B : I'm worried about my brother.

A : 무슨 일 있니?

B : 동생이 걱정돼.

❖ be worried about ~에 대해 걱정하다

029 **A** : What about soccer in Korea?

B : Soccer is as popular as baseball.

A : 한국에서 축구는 어때요 ?

B : 축구는 야구만큼 인기가 있어요.

❖ as ~ as … …만큼 ~하다(동등 비교)
football 미식 축구 soccer 축구

030 **A** : Can't you stay with us?

B : Sorry, but I really have to go.

A : 우리와 함께 있을 수 없나요?

B : 미안하지만 꼭 가봐야만 해요.

❖ have to ~해야만 한다

031 **A** : Do you like her?
B : She really turns me off.
A : 넌 그녀를 좋아하니?
B : 그녀는 딱 질색입니다.
❖ turn off 마음에 들지 않다; 화제를 돌리다; 라디오를 끄다

032 **A** : Let's turn on the TV.
B : That sounds good.
A : TV를 켭시다.
B : 그게 좋겠네요.
❖ turn on 켜다; ~에 항변하다; ~에 달려 있다

033 **A** : Shall we have Korean food or American food?
B : It's up to you.
A : 한식을 먹을까요? 양식을 먹을까요?
B : 당신에게 달려 있습니다.(당신 좋을 대로.)
❖ be up to ~에 달려 있다; ~에 종사하다; ~할 능력이 있다

034 **A** : Do you like pop music?
B : I'm mad about it.
A : 팝 음악 좋아하세요?
B : 정말 좋아해요.
❖ be mad about 무척 좋아하다, 열광하다

035 **A** : I'm through with you.
B : You mean you'll never see me again?
A : 당신과는 절교입니다.(끝장이에요)
B : 다시는 날 보지 않겠다는 말인가요?
❖ be through with 끝마치다, ~와의 관계를 끝내다

036 **A** : I'm late for school.
B : You should get up early.
A : 저 학교에 늦었어요.
B : 너는 일찍 일어나야 해.
❖ get up (잠자리에서) 일어나다 should ~해야 한다

037 **A** : What time is your train?
B : Two thirty.
A : Hurry up, or you'll miss the train.
A : 네 기차 몇 시에 출발하니?
B : 두시 반이에요.
A : 서둘러라, 그렇지 않으면 기차 놓치겠다.
❖ hurry up 서두르다; 서두르게 하다
명령문 다음에 or가 오면 '그렇지 않으면'의 뜻이 된다.

038 **A** : How about eating out?
B : OK.
A : 외식하는 게 어때?
B : 좋지.
❖ eat out 외식하다

039 **A** : I'm very sick.
B : Why don't you go see a doctor?
A : 나 많이 아파.
B : 가서 의사의 진찰을 받지 그래?
❖ go see a doctor 의사의 진찰을 받으러 가다

040 **A** : Could you fix these for me right away?
B : What seems to be the problem?
A : 이것을 당장 수리해 줄 수 있습니까?
B : 무슨 이상이 있습니까?
❖ right away 당장 seem to ~인 것처럼 보이다 fix 수리하다

041 **A** : You have to bear in mind that I'm new at this.
B : Come on. You'll do well.
A : 내가 이 일에 서툴다는 것을 기억해 주기 바란다.
B : 힘 내. 넌 잘 해낼 거야.
❖ bear[have] in mind 마음에 새겨두다, 기억해 두다
be new at ~에 익숙치 못하다

042 **A** : He lived a simple life.
B : I'd like to be just like him someday.
A : 그 분은 검소한 삶을 사셨지.
B : 나도 언젠가는 그 분처럼 되고 싶어.
❖ be like ~와 같다

043 **A** : It's not far from here.(= It's near here.)
B : I'd rather walk there.
A : 여기서 멀지 않아요.(여기서 가까워요.)
B : 걸어가는 게 좋겠군.
❖ far from ~로부터 거리가 먼

044 **A** : Be sure to lock the door.
B : I promise I will.
A : 꼭 문을 잠그세요.
B : 알았어요.
❖ be sure to(=make sure to) 꼭 ~해라, 반드시 ~해라

045 **A** : I'm anxious to know the results of the blood test.
B : Everything is normal.
A : 혈액 검사 결과를 알고 싶습니다.
B : 모든 게 정상이네요.
❖ be anxious to 아주 ~하고 싶어 하다
be anxious about ~을 걱정하다

046 **A** : Will I get well soon?
B : Of course, you will.
A : 제가 곧 나을까요?
B : 물론이죠.
❖ get well 아픈 곳이 낫다, 병세가 호전되다

047 **A** : I'm lost. Are you familiar with this area?
B : I'm sorry, but I'm a stranger here.
A : 제가 길을 잃었어요. 이 근처를 잘 아십니까?
B : 죄송합니다. 저도 이 근처의 지리를 잘 몰라요.
❖ be familiar with ~을(를) 잘 알다

048 **A** : What size do you wear?
B : I'm not sure. May I try this on?
A : 사이즈가 어떻게 되시나요?
B : 잘 모르겠어요. 이것을 입어 봐도[신어 봐도] 될까요?
❖ try on (옷이나 신발 등을) 한번 입어 보다[신어 보다]

049 **A** : What can I do?
B : He is willing to help you.(= He will gladly help you.)
A : 어떻게 하지?
B : 그가 기꺼이 널 도와줄 거야.
❖ be willing to 기꺼이 ~하다

050 **A** : I have nothing to do with the accident.
B : I can't believe you.
A : 난 그 사고와 아무런 관련이 없어요.
B : 너의 말을 믿을 수 없구나.
❖ have nothing to do with ~와 아무 관련이 없다
have much to do with ~와 많은 관련이 있다

051 **A** : Why are you angry with Min-su?
B : He has really a big mouth.
A : 왜 민수에게 화가 났니?
B : 그는 너무 말이 많아.
❖ have a big mouth 큰 소리로 말하다; 말이 많다; 건방진 소리를 하다(입의 크기를 말하는 것이 아님)

052 **A** : What made you come here?
B : I'm here on business.
A : 무슨 일로 여기에 오셨나요?
B : 사업차 여기에 왔어요.
❖ on business 사업상의 일로

053 **A** : Excuse me. Can I use your telephone, Mr. Smith?
B : Sure. Here it is.
A : 실례합니다. 전화를 쓸 수 있을까요, 스미스 양?
B : 예, 여기 있습니다.
❖ Here it is.(=Here you are., Here we are.) 자, 여기 있습니다.

054 **A** : What time do you expect to arrive at the hotel?
B : I'll probably check in at about 7 p.m.
A : 몇 시에 호텔에 도착하실 예정입니까?
B : 아마 오후 7시쯤 체크인하게 될 겁니다.
❖ arrive at ~에 도착하다
check in (호텔에서) 숙박 수속을 하다

055 **A** : Does your baby take after you?
B : No. She looks more like her father.
A : 당신 아이는 당신을 많이 닮았어요?
B : 아니오. 그녀는 아빠를 더 많이 닮았어요.
❖ take after(=look like, resemble) ~와 닮다

056 **A** : When was this picture taken?
B : When I was a high school student.
A : 이 사진은 언제 찍었습니까?
B : 고등학생이었을 때요.
❖ take a picture 사진을 찍다

057 **A** : How can I get in touch with her?
B : You can contact her by phone.
A : 내가 어떻게 하면 그녀와 연락할 수 있습니까?
B : 전화로 연락할 수 있어요.
❖ get in touch with ~와 연락하다 contact 연락을 취하다

058 **A** : I am afraid of making mistakes.
B : Don't worry. We can learn many things from the mistakes.
A : 저는 실수를 하는 게 두려워요.
B : 걱정하지 마세요. 실수에서 배울 수 있는 것도 많아요.
❖ be afraid of ~을 두려워하다 make mistake 실수하다

059 **A** : Why does she look so happy?
B : Because she was satisfied with the results.
A : 왜 그녀가 기분이 좋아 보이죠?
B : 결과에 만족하기 때문이에요.
❖ be satisfied with ~에 만족하다 result 결과

060 **A** : What do you think of the new teacher?
B : I don't know. I haven't met him yet.
A : 새로운 선생님에 대해 어떻게 생각하십니까?
B : 모르겠어요. 선생님을 아직 만나지 못했거든요.
❖ think of ~에 대해 생각하다

061 **A** : I am sorry to hear you had a car accident.
B : I don't want to talk about it any more.
A : 차 사고 났다고 들었는데 안됐다.
B : 그 얘기는 더 이상 하고 싶지 않아.
❖ accident 사고 not ~ any more 더 이상 ~ 아니다

062 **A** : Have you heard from Smith recently?
B : No, I haven't.
A : 스미스로부터 최근에 소식을 들었습니까?
B : 아니오.
❖ hear from ~로부터 소식을 듣다 recently 최근에

063 **A** : Would you care for a glass of milk?
B : No, thank you.
A : 우유 한 잔 드시겠어요?
B : 괜찮습니다.
❖ a glass of ~ 한 잔 care for(=like) 좋아하다

064 **A** : What time are we supposed to visit him?
B : Just after lunch.
A : 우리 언제 그 사람을 방문하기로 되어 있죠?
B : 점심 먹고 바로 방문할거야.
❖ be supposed to(=be going to, have a plan to) ~하기로 되어 있다

065 **A** : Did he agree to the proposal?
B : Yes. He is ready to sign the contract.
A : 그가 제의에 동의했습니까?
B : 예. 그는 계약서에 서명할 준비가 되어 있습니다.
❖ be ready to ~할 준비가 되다 proposal 신청, 제안, 제의
sign the contract 계약서에 서명하다

066 **A** : Which flower are you going to plant?
B : We decided to plant roses this year.
A : 어떤 꽃을 심으실 거예요?
B : 올해는 장미를 심기로 결정했어요.
❖ decide to ~하기로 결정하다 this year 올해

067 **A** : He is tired from standing all day.
B : What does he do?
A : 하루 종일 서 있어서 그는 지쳐있어.
B : 그의 직업이 뭔데?
❖ be tired from ~으로 지치다, 피곤하다

068 **A** : You had better look over the records.
B : I've checked them already.
A : 기록들을 검토해 보는 게 좋겠다.
B : 벌써 다 확인했습니다.
❖ had better ~하는 것이 좋다 look over 검토하다

069 **A** : I'm afraid I'll be late for the meeting.
B : Don't worry. We canceled it.
A : 모임에 늦을 것 같네요.
B : 걱정하지 마세요. 모임을 취소했어요.
❖ be late for ~에 늦다, 지각하다
cancel 취소하다, 무효로 하다

070 **A** : I will be able to pick you up at the airport.
B : I will be waiting for you.
A : 내가 공항으로 너를 데리러 갈게.
B : 기다릴게.
❖ pick ~ up ~을 (차로) 데려가다 wait for ~을 기다리다

071 **A** : Do you want to go on a picnic?
B : I don't think I can afford it.
A : 소풍 가고 싶니?
B : 그럴 여유가 없을 것 같아요.
❖ can afford(경제적으로) ~할 여유가 있다

072 **A** : Aren't we supposed to have a meeting at three o'clock?
B : No, it's been put off until tomorrow.
A : 우리 3시에 모임 갖기로 하지 않았니?
B : 그 모임은 내일로 연기되었어.
❖ put off(=postpone) 연기하다

073 **A** : Can I depend on you to finish the homework on time?
B : Please trust me.
A : 네가 제시간에 숙제를 끝낸다는 것을 믿을 수 있을까?
B : 믿어 주세요.
❖ depend on 의지하다, 믿다　on time 제시간에, 정각에

074 **A** : You're in pretty good shape.
B : Thanks. I jog for an hour every morning.
A : 꽤 건강해 보이군요.
B : 고맙습니다. 매일 아침 1시간씩 조깅을 해요.
❖ in good shape (몸의) 상태가 좋은

075 **A** : Can I make an appointment to see Dr. Richard?
B : How about next Wednesday?
A : 리처드 박사와 만날 약속을 할 수 있을까요?
B : 다음 주 수요일은 어때요?
❖ make an appointment to ~할 약속을 하다

076 **A** : I am sorry, but I have to turn down your invitation.
B : That's all right.
A : 미안하지만, 초대에 응할 수 없을 것 같아.
B : 괜찮아요.
❖ turn down(= refuse, reject) 거절하다　invitation 초대

077 **A** : What's your hobby?
B : I am interested in baking bread.
A : 취미가 무엇입니까?
B : 전 빵 만드는 것에 관심이 있어요.
❖ be interested in ~에 흥미가 있다, 관심이 있다
bake bread 빵을 굽다

078 **A** : I want to buy a skirt.
B : Please feel free to look around.
A : 스커트를 사려고 하는데요.
B : 마음껏 구경하세요.
❖ feel free to+동사원형 (대개 명령형으로) 마음대로 해도 좋다
look around 주위를 둘러보다

079 **A** : How is she?
B : She's getting better, but It'll take time.
A : 그녀는 어떠니?
B : 나아지고 있지만 시간이 좀 걸릴 거야.
❖ get better(=recover) (병세 따위가) 호전되다, 회복되다
take time 시간이 걸리다

080 **A** : Can you come down a little? It's too expensive.
B : Sorry. I can't come down.
A : 조금만 깎아 주시겠어요?
B : 미안합니다. 깎아 드릴 수 없어요.
❖ come down (물건) 값이 내리다

081 **A** : That shop is always crowded with people.
B : It's known for low prices.
A : 저 가게는 항상 사람들로 붐비더라.
B : 싸게 파는 것으로 유명하거든.
❖ be crowded with (사람이나 물건으로) 가득하다
be known for ~으로 유명하다 low price 저렴한 가격

082 **A** : Could you show me how to fill out this form?
B : Follow the directions in the first page.
A : 이 서류를 작성하는 법을 알려 주실 수 있어요?
B : 첫 페이지의 지시 사항에 따라 작성하세요.
❖ fill out ~을 작성하다 form 서류양식
direction 지시, 방향

083 **A** : Did you figure out what I said?
B : Would you say one more time?
A : 제가 말한 것을 이해했습니까?
B : 한 번 더 말씀해 주실래요?
❖ figure out 이해하다, 알아내다

084 **A** : What do you do for fun in your spare time?
B : I enjoy reading books.
A : 남는 시간에 재미 삼아 무엇을 하십니까?
B : 책 읽기를 즐깁니다.
❖ for fun 재미삼아, 장난으로 spare 예비의, 여분의

085 **A** : I am engaged to her.
B : Congratulation! Finally your dream comes true.
A : 그녀와 약혼했어.
B : 축하해. 마침내 너의 꿈이 실현됐구나.
❖ be engaged 약혼하다 come true 실현되다

086 **A** : When and where will the fashion show take place?
B : Nothing has been announced about it.
A : 언제 어디서 그 패션쇼가 열립니까?
B : 아무 것도 발표된게 없어요.
❖ take place (사건 등이) 일어나다; (행사가) 개최되다
announce 알리다, 공고하다

087 **A** : Who does she remind you of?
B : She reminds me of a famous actress.
A : 그 여자를 보면 누가 생각납니까?
B : 유명한 여배우가 생각나요.
❖ remind A of B A로 하여금 B를 생각나게 하다, 상기시키다
actress 여배우

088 **A** : What's your husband's hobby?
B : He is very fond of gardening.
A : 남편 취미가 뭐예요?
B : 정원 가꾸기를 매우 좋아했어요.
❖ be fond of ~을 좋아하다

089 **A** : How about the story?
B : It was not as good as the last one.
A : 그 이야기 어땠어요?
B : 지난번 이야기만 못해.
❖ be not as good as ~만큼 좋지 않다

090 **A** : Who's in charge of this project?
B : Mrs. Kim is.
A : 이 프로젝트의 책임자는 누구입니까?
B : 김 선생님입니다.
❖ be in charge of(= be responsible for) ~을 책임지다

091 **A** : Did you know that your mother went to the same college as our English teacher?
B : Oh, really?
A : 당신 어머니가 우리 영어 선생님과 같은 학교에 다녔다는 사실을 아시나요?
B : 정말이세요?
❖ the same ~ as … … 이하와 동일한

092 **A** : I didn't study for the test.
B : I think you'll have to cram.
A : 시험 공부를 하지 않았어.
B : 벼락치기로 공부해야겠구나.
❖ study for a test 시험 공부하다 cram 벼락공부하다

093 **A** : Does he have a good chance of getting the job?
B : Yes, if his interview goes well.
A : 그가 취직이 될 가능성이 많이 있니?
B : 응, 면접만 잘 하면.
❖ have a chance 기회를 갖다 go well 잘 해나가다

094 **A** : I took an exam, but I got a bad mark on it.
B : Cheer up! You did your best.
A : 시험을 봤는데 점수가 나빠요.
B : 기운 내라. 최선을 다 했잖아.
❖ get a bad mark 나쁜 점수를 받다(↔ get a good mark)
do one's best(=try one's best) 최선을 다하다

095 **A** : Put your toys away and clean the room.
B : I'll do it later.
A : 장난감을 치우고 방을 깨끗하게 청소해라.
B : 나중에 할게요.
❖ put ~ away ~을 치우다

096 **A** : I'm sorry for being late. The subway got caught in traffic.
B : Are you playing joke on me?
A : 늦어서 죄송합니다. 지하철이 막혀서요.
B : 지금 장난하는 건가?
❖ play joke on ~을 놀리다 traffic 교통

097 **A** : Jin-su was run over by a car last Monday and he's in the hospital now.
B : That's too bad.
A : 진수가 지난 월요일에 차에 치여서 지금 병원에 있대.
B : 그거 안됐구나.
❖ run over (차가 사람이나 물건을) 치다
be in hospital 병원에 입원하다

098 **A** : How about the story?
B : It was not as good as the last one.
A : 그 이야기 어땠어요?
B : 지난 번 이야기만 못해.
❖ be not as good as ~만큼 좋지 않다

099 **A** : I would like some fish.
B : I'm sorry, we're all out of fish.
A : 생선 요리를 먹고 싶은데요.
B : 죄송합니다만, 생선이 다 떨어졌습니다.
❖ be out of(=run out of, be short of) ~이 떨어지다

100 **A** : Let's call it a day.
B : I agree with you. Let's go.
A : 오늘은 이만 끝냅시다.
B : 찬성이오. 퇴근합시다.
❖ call it a day 일과를 끝내다
agree with ~와[의 의견에] 동의하다

찾아보기(Index)

B

C

D

F

G

H

I

J

O

P

Q

R

S

T

U

V

W ~ Y